GUÍA PARA CONOCER
PERSONAS NUEVAS

¡Supera el Miedo y Conecta Ya!

KEITH Y TOM "BIG AL" SCHREITER

Publicado por Fortune Network Publishing

PO Box 890084
Houston, TX 77289 Estados Unidos
Teléfono: +1 (281) 280-9800

BigAlBooks.com

ISBN-13: 978-1-948197-99-1

CONTENIDOS

Viajo por el mundo más de 240 días al año.
Envíame un correo si quisieras que hiciera
un taller "en vivo" en tu área.

⟶ BigAlSeminars.com ⟵

¡OBSEQUIO GRATIS!

¡Descarga ya tu libro gratuito!

Perfecto para nuevos distribuidores. Perfecto para
distribuidores actuales que quieren aprender más.

⟶ BigAlBooks.com/freespanish ⟵

Otros geniales libros de Big Al están disponibles en:

⟶ BigAlBooks.com/spanish ⟵

PREFACIO

Este libro es para personas tímidas o introvertidas que quieren ser mejores al conocer personas nuevas. Queremos saber cómo:

1. Conocer personas nuevas.

2. Comenzar conversaciones de forma segura.

Eso es todo.

Después podemos aprender acerca de afinidad, cómo vender nuestras ideas, cómo crear relaciones a largo plazo, hacer amigos, o convertirnos en conferencistas de clase mundial.

Pero por ahora, queremos un enfoque de sentido común para conocer personas y comenzar una conversación.

¿Qué tal si ya supieras cómo conocer un número ilimitado de personas y comenzar conversaciones asombrosas?

Bien, si ya tuvieras esas habilidades, no estarías leyendo este libro. ¡Estarías allá afuera hablando con personas nuevas!

¿Pero para el resto de nosotros? Queremos superar nuestros miedos al hablar con desconocidos. Queremos sentirnos cómodos, incluso si estamos en una fiesta o evento donde no conocemos a nadie.

Podemos hacernos geniales para conocer personas nuevas. Este libro nos dará las técnicas paso a paso.

–Keith y Tom "Big Al" Schreiter

QUIERO CONOCER PERSONAS NUEVAS YA, PERO...

¿Nos ponemos nerviosos al conocer personas nuevas? ¿Sentimos la falta de confianza? ¿Nos atemoriza el rechazo?

Por supuesto. Estos sentimientos significan que somos normales.

Tenemos estos sentimientos debido a nuestro pasado. ¿Tenemos recuerdos vívidos de errores estúpidos que cometimos en la primaria? Tal vez hicimos el ridículo frente a toda la clase. Todos tenemos errores vergonzosos de nuestro pasado.

¿Qué ocurre cuando revivimos esos recuerdos en nuestra mente? Nuestra mente siente como si esos errores estuviesen ocurriendo de nuevo. Esto desmorona nuestra auto-confianza.

O, tal vez recordamos a nuestros padres diciendo, "¡No hables con desconocidos!"

Ahora, nuestros padres nos dieron este programa con las mejores intenciones. En nuestra edad temprana, este programa nos funcionó muy bien. ¿Pero qué tal ahora?

Ahora nuestro programa de evitar hablar con extraños nos detiene. Tenemos un sentimiento persistente dentro de nuestra mente que evita que nos aproximemos con desconocidos.

Así que, si no hemos practicado las habilidades para conocer nuevas personas, sería natural para nosotros sentir timidez e incomodidad sobre nuestros encuentros.

Si nos sentimos incómodos hablando con extraños, tenemos buenas razones.

Para contrarrestar estos sentimientos negativos, necesitamos tener experiencias nuevas y positivas hablando con personas. Para hacer esto necesitamos nuevas habilidades.

¿Habilidades?

Claro. Como cualquier tarea nueva en la vida, conocer personas nuevas requiere de habilidades. Afortunadamente, podemos aprender nuevas habilidades. Aprendimos cómo usar un teléfono inteligente. Aprendimos cómo manipular el control remoto de la televisión. Conocer personas nuevas será una habilidad más que podemos agregar a nuestra experiencia.

Con un poco de práctica, eliminaremos nuestros miedos e incrementaremos nuestros éxitos.

El primer intento para conseguir una cita.

Imagina a un chico de 15 años que quiere invitar a una chica por primera vez a una cita. Sí, sabemos que esto será feo. Esperemos que la chica tenga piedad de él mientras tartamudea y anda por las ramas. Afortunadamente, la mayoría de las chicas tienen modales y compasión.

¿Qué sucede si nunca intentamos conocer personas nuevas? Entonces nuestro primer encuentro lucirá parecido a la experiencia del chico de 15 años. Estaremos nerviosos, inseguros, y hablaremos con titubeos.

Pero avancemos un año. El joven invitó a muchas chicas durante el año pasado. Cada invitación era una mejora, y por supuesto, consiguió mejores resultados. Su confianza subió. Ahora él sabe qué esperar y cómo responder. Así es, tendrá muchas más citas.

Nos haremos mejores.

Entre más practiquemos, más fácil se hace. Los primeros intentos de conocer personas nuevas son los más difíciles.

Una buena analogía es beber café. Si somos amantes del café, no podemos esperar a beber nuestra siguiente taza. Pero, ¿fue así la primera vez que probamos el café?

No. Nuestra primera vez probando el café nos hizo pensar, "Oh, esto está amargo. Pero a otras personas parece gustarle. Seguiré bebiendo hasta que me guste."

Es igual cuando intentamos conocer personas nuevas. Tenemos que recordar que esto será más fácil y tendremos más éxito con el tiempo. Eventualmente, será adictivo.

¿Adictivo?

Así es. Cuando dominamos las habilidades para conocer personas nuevas, querremos hacerlo una y otra vez. Disfrutaremos el sentimiento de dominar nuestra habilidad y ser competentes usándola. Nuestros miedos se irán. ¿Por qué? Debido a que sabemos exactamente qué decir y qué hacer cuando conocemos personas nuevas.

¿Miedo al fracaso?

Es comprensible. A nadie le gusta el fracaso. Las buenas noticias son que si lo arruinamos con una persona, tenemos siete billones de personas más para elegir. No es como que nos quedemos sin personas potenciales para hablar.

Este es el punto de vista lógico.

¿Pero cuál es la realidad dentro de nuestra cabeza? Pensamos que la civilización colapsará si somos rechazados. No queremos cometer errores cuando nos aproximamos con las personas. No queremos sentirnos avergonzados. Detestamos la idea de lo que otras personas podrían pensar o decir sobre nosotros.

Esta es la voz dentro de nuestra cabeza. El punto de vista lógico es lindo. Pero la realidad es que queremos asegurarnos de que nuestras habilidades sociales sean lo suficientemente buenas, para que no fracasemos.

Sí, tenemos ansiedad al conocer personas nuevas. Pero, ¿las demás personas se preocupan sobre nuestra ansiedad social? No. Ellos no conocen el drama personal dentro de nuestra mente. Así que, si a ellos no les importa, depende de nosotros dar el primer paso.

¿Hablar con uno mismo?

Hablamos con nosotros mismos todo el tiempo. Cada vez que hablamos con nosotros mismos, nuestra mente subconsciente presta mucha atención. Si queremos tener más confianza mientras hablamos con personas, ¿qué deberíamos de decirnos?

Prueba con esto. "Quiero conocer y hablar con otras personas." O, "Tengo curiosidad sobre otras personas y sus vidas." Nuestra mente subconsciente recordará estas palabras.

Debemos dejar de repetirnos, "Soy tímido. Tengo miedo de acercarme a otras personas."

¿Quieres sentirte mejor sobre conocer personas nuevas de inmediato?

Aquí hay una manera rápida de olvidarnos de nuestras inseguridades. Piensa en los demás. No podemos tener dos pensamientos en nuestra mente simultáneamente. De esta manera no podemos estar pensando en nosotros y en nuestras inseguridades. Nuestro pensamiento de "Piensa en los demás" será el que domine.

¿Cómo logramos esto? Piensa, "Oh, hay alguien es este grupo que me necesita. Alguien que es tímido, y espera que alguien le hable."

Concéntrate en los demás y no tendrás que preocuparte de tus propios pensamientos negativos que te hacen sentir deprimido.

¿Aún tienes dudas de comenzar?

Podemos aprender.

Si otros saben cómo conectar con personas, entonces, ¿por qué nosotros no podemos aprender también?

Es posible. Los demás lo están demostrando.

Ahora mismo no tenemos confianza debido a nuestra falta de experiencia. Vamos a conseguir esa experiencia rápidamente, pero con la seguridad de algunos consejos de este libro.

Podemos lograrlo. Aquí hay pruebas.

Toma una hoja de papel. Escribe cinco cosas que has logrado en tu vida. Por ejemplo, nuestra lista podría lucir como esto:

- Aprendí a caminar.
- Aprendí a conducir.
- Me gradué de la preparatoria.
- Aprendí a escribir.
- Aprendí a usar una computadora.

Todos tienen una lista de logros. Vamos a agregar la habilidad de conocer nuevas personas a nuestra lista.

EL DÍA DEL JUICIO.

¿Las personas nos prejuzgan?

Sí. todo el tiempo.

¿Esto significa que las personas son superficiales y nos juzgan inmediatamente? Sí.

Pero hay una razón por la que nos juzgan antes de conocernos. La razón es la supervivencia.

Tenemos programas que nos ayudan a sobrevivir. No tomamos riesgos con personas desconocidas. ¿Esta persona podría ser peligrosa? ¿Esta persona podría ser una amenaza? Necesitamos averiguarlo inmediatamente. Nuestra supervivencia podría estar en juego.

Considera este escenario. Me aproximo hacia ti con una máscara de hockey y un hacha en el hombro. ¿Comienzas a tener un mal presentimiento? ¿Me estás juzgando? Espero que lo estés.

¿Cuáles son los criterios que las personas usan para prejuzgarnos?

Conocemos personas. Ellos no conocen nuestro trasfondo, no tenemos una recomendación de nuestro amigo y nadie más les habló sobre nosotros.

¿Cómo nos prejuzgan?

1. Lenguaje corporal. Ellos notan pistas, tanto obvias como sutiles, de nuestro lenguaje corporal. Afortunadamente, si somos sinceros en nuestras intenciones, nuestro lenguaje corporal lo reflejará. No tenemos que convertirnos en un experto en lenguaje corporal para conocer personas nuevas.

2. El tono de nuestra voz. No tenemos que ser un ventrílocuo, pero debemos de ser conscientes de nuestra voz. Si tenemos malas intenciones, nuestra voz podría reflejarlo. Puesto que tenemos buenas intenciones, nuestra voz debería de estar bien.

3. Las palabras que elegimos usar. Pasaremos la mayor parte del tiempo en este libro con las palabras que decidimos usar. Afortunadamente, tenemos el control de esto también. Si elegimos usar mejores palabras, obtendremos mejores resultados.

¿Y luego?

Eso fue rápido. Prejuicios instantáneos. Se acabó.

¿Es injusto que las personas nos juzguen así de rápido? ¡Por supuesto! Pero es la realidad.

Ah, pero hay un lado positivo en estos juicios superficiales e instantáneos; sólo tenemos que ser impresionantes por unos pocos segundos. Eso no será difícil de aprender.

Si pasamos este filtro de juicios inicial, el camino se hará fácil. Aprenderemos a sonreír, escuchar mejor, y hacer que nuestras conversaciones sean interesantes y memorables. Esto podría ser la construcción de muchas nuevas amistades.

Conocer personas nuevas no es difícil. Es una habilidad que podemos aprender y usar por el resto de nuestras vidas.

¿Cómo deberíamos actuar? Aquí hay un punto de partida.

Piensa en las personas que ya hemos conocido. Haz una lista de las cosas que nos gustan sobre esas personas, y una lista de las cosas que no nos gustan. Por ejemplo, la lista de las cosas que nos gustan podría incluir cosas como:

- Sonríen.
- Estrechan su mano.
- Nunca critican.
- Se interesan en lo que les decimos.

Un ejemplo de la lista de las cosas que no nos gustan podría incluir cosas como:

- Mal aliento.
- No hacen contacto visual.
- Hablan demasiado.
- Interrumpen a las personas.
- Le dicen a los demás que están equivocados.
- Discuten y critican.
- Miran a otras personas pasando mientras hablamos.
- No respetan nuestro espacio personal.

Aprenderemos a ser geniales para conocer personas nuevas.

Por ahora, recordemos que hay tres factores sobre los cuales las personas nos juzgan.

1. Lenguaje corporal.

2. Tono de voz.

3. Las palabras que decimos.

Estas son las bases de nuestras interacciones con los otros. Veremos primero estos tres factores básicos. Luego, pasaremos el resto de este libro llevando nuestras habilidades a un nivel superior.

Comencemos ahora aprendiendo cómo mejorar nuestro lenguaje corporal.

LENGUAJE CORPORAL.

¿Qué tan importante es el lenguaje corporal cuando nos aproximamos a alguien nuevo? Piensa en alguien coqueteando. O, imagina a alguien molesto agitando su puño en el aire. ¿Qué tal un puñetazo en la nariz?

Sí, el lenguaje corporal hace una gran diferencia.

¿Tenemos que ser totales expertos en lenguaje corporal para aproximarnos con alguien nuevo? No.

Todo lo que necesitamos es un poco de sentido común.

El lenguaje corporal funciona en ambos sentidos.

1. Necesitamos estar atentos al lenguaje corporal de alguien más.

2. Cuando conocemos personas nuevas, queremos estar atentos a nuestro lenguaje corporal. Queremos lucir "abiertos" y no agresivos. No queremos que nuestro lenguaje corporal lastime nuestra oportunidad de hacer una nueva amistad.

El lenguaje corporal siempre está presente. Aceptémoslo.

No creamos todo lo que escuchamos.

Hay una leyenda urbana que dice que el 93% de la comunicación es no-verbal (lenguaje corporal y tono de voz).

No es cierto. Sin embargo, las personas repiten esta leyenda urbana tantas veces que muchos creen que es verdad.

Así que no entres en pánico. No tenemos que aprender todo tipo de poses y contorsiones corporales para conocer personas nuevas y emocionantes.

Las buenas noticias son que nuestro lenguaje corporal generalmente refleja nuestras verdaderas intenciones. Si somos sinceros, nos debe de ir bien.

Vamos a enfocarnos en algunas bases de sentido común.

Observa primero.

Nos sentiremos mejor si podemos evaluar el lenguaje corporal de otras personas. Si alguien sonríe y luce abierto, podemos esperar razonablemente una conversación libre de estrés.

Otras personas podrían lucir como que están de malas. No sabemos qué les sucedió durante el día.

Algunas señales son obvias. Por ejemplo, si alguien está hablando por teléfono, es un mal momento para comenzar una conversación.

No queremos interrumpir la conversación privada de alguien. El sentido común nos guía.

Debemos de tener cuidado con los prejuicios.

El lenguaje corporal es subjetivo. Una cierta postura podría tener significados diferentes dependiendo del contexto. Por ejemplo, cuando hablamos con un extraño, notemos la postura. Si el desconocido está cambiando su peso de una pierna a la otra, no está quieto, ¿qué podría significar?

Podría significar:

Este desconocido no está interesado en nuestra conversación y quiere retirarse.

Este desconocido está nervioso, y se siente intimidado por nuestra presencia.

Este desconocido recientemente compró un par de zapatos incómodos.

Este desconocido está parado sobre un hormiguero, ¡y las hormigas le comenzaron a picar!

Así que, no queremos tomar un ejemplo de lenguaje corporal y hacerlo una regla para todas las personas en cada situación.

Si conocemos a alguien desde hace mucho, tenemos una base para su lenguaje corporal. Cuando hacen algo diferente con su cuerpo, tenemos una mejor idea de lo que significa.

Pero estamos conociendo personas nuevas. No tenemos ese lujo. Para comenzar, deberíamos sólo de notar las señales más amplias y obvias.

El lenguaje corporal es mucho más fácil de descifrar con perros que con humanos. Los perros no tienen muchas ideas complejas cruzando sus mentes. Cuando están moviendo sus colas, podemos asegurar que están felices.

En el mundo humano, los payasos de circo y los mimos tienen un lenguaje corporal expresivo. Los ingenieros y contadores tienen mucho menos.

El lenguaje corporal nos dará información general sobre el estado mental de la persona con la que estamos hablando.

¿Cuáles son algunos fundamentos y señales fáciles del lenguaje corporal que deberíamos de buscar mientras nos aproximamos a nuestros nuevos amigos?

FUNDAMENTOS FÁCILES DEL LENGUAJE CORPORAL.

Antes de aproximarnos con ese nuevo desconocido, queremos realizar un rápido escaneo de su lenguaje corporal para asegurarnos de que es un buen momento. Esto no es difícil. Ya hacemos esto automáticamente. Pero ahora, seremos un poco más deliberados. Aquí hay algunos puntos obvios.

Sonrisa.

Si la persona está sonriendo y parece relajada, podemos adivinar con seguridad de que ahora es un buen momento.

¿Pero qué clase de sonrisa deberíamos de mostrarle a los demás?

Cuando sonreímos, no lo hagamos de manera forzada. Las personas se dan cuenta y harán prejuicios negativos. Sonreír con labios muy apretados que esconden nuestros dientes envía las señales equivocadas. Luce como si estamos ocultando nuestros verdaderos sentimientos. Y, nuestros verdaderos sentimientos son de no sonreír.

En lugar de eso, queremos mostrar una sonrisa genuina.

Si no tenemos talento para sonreír naturalmente, aquí tienes un atajo. Piensa en cosas felices.

Piensa en una escena de una película divertida. O, imaginemos nuestro postre favorito.

Y si eso no sirve, visualiza esto: "Nuestro jefe extravió la llave de la oficina el viernes por la mañana y anuncia que todos pueden irse a casa para el fin de semana."

¿Qué tal si todo lo que podemos hacer es una sonrisa a medias? Esto podría señalar que no estamos seguros si deberíamos de sonreír o no. Esto no es ideal. Pero, en una nota positiva, por lo menos estamos a medio camino para una sonrisa sincera.

¿No estamos seguros de nuestra sonrisa? Un poco de práctica frente al espejo nos ayudará. Nota la diferencia entre esa sonrisa sincera y esa sonrisa falsa. Otros leerán nuestro lenguaje corporal también.

Espacio personal.

Si no nos damos cuenta de que invadimos el espacio personal de otras personas, ¿qué clase de reacción podríamos esperar? Nota cómo comienzan a retroceder. O tal vez se dan la vuelta ligeramente mientras les hablamos. Los estamos poniendo incómodos. Desafortunadamente, pocas personas nos dirán que estamos parados demasiado cerca de ellos.

¿Qué clase de persona viola el espacio personal? ¡La persona que no sabe que lo está haciendo!

Deberíamos de notar y estar alertas a esto. Observa a las personas hablando. Mira el lenguaje corporal o las expresiones faciales de quien escucha.

Si quien escucha trata de cambiar el espacio, ese es un signo de que está incómodo.

Además, algunas culturas tienen diferentes fronteras de espacio personal. Si queremos estar seguros, mejor cometer el error de estar parados demasiado lejos.

Ojos.

Hay un viejo dicho que dice que los ojos son las ventanas a nuestra alma. Sí, los ojos nos dan algunas pistas.

Generalmente, cuando las personas tienen un brillo en los ojos, están felices. Cuando fruncen las cejas y entrecierran los ojos, eso no es una buena señal para nosotros. Estas personas podrían estar preocupadas o tener pensamientos negativos en sus mentes.

Si tenemos buena vista (o estamos incómodamente muy cerca) podríamos ver el tamaño de sus pupilas. Pupilas abiertas y anchas son buenas. Por supuesto, también tendrían pupilas abiertas y anchas si acaban de salir de un lugar obscuro. Sentido común, ¿recuerdas?

¿Deberíamos ver a los ojos de las personas cuando hablamos con ellos? Algunas veces.

Evitar el contacto visual con la persona que estamos hablando es extraño. Pero mirar fijamente, sin parpadear, a los ojos de alguien, es aún más perturbador. Un poco de balance es más aceptable socialmente. ¿Una buena manera para sentirnos bien mientras miramos a los ojos a alguien? Intenta hacer un inventario del color de sus ojos, o cómo usan el maquillaje, o incluso cómo es la forma de sus cejas. Esto mantiene a nuestras mentes ocupadas para que dejemos de pensar sobre lo que las otras personas piensan de nosotros.

Si alguien está evitando el contacto visual con nosotros, nuestra conversación no irá bien. Esto es una señal bastante obvia para dejar ir a la otra persona. Esta persona tiene otras cosas más importantes que nosotros en este momento.

Piensa en ello. Si le hablamos a alguien, y continúan mirando a alguien más, ¿cómo nos sentimos? Pensamos, "Esta persona encuentra casi todo más interesante que yo."

¿Miradas saltarinas? Esto podría indicar desinterés. Nuestro interlocutor no quiere estar en esta conversación. Tal vez somos aburridos o nuestro interlocutor tiene algo más importante que hacer. Pero algo es seguro, su mente se mueve mucho más rápido de lo que nosotros hablamos. Hay algo más que ocurre. Así que, si estamos hablando con alguien, deberíamos asegurarnos de que nuestra mirada no cambia.

¿Poner los ojos en blanco? ¿Rolar la mirada? Esto podría indicar incredulidad en lo que la otra persona está diciendo. O, podría significar exasperación. Por ejemplo, una persona podría pensar, "¡Oh vaya! ¡Finalmente recibo una invitación a una fiesta y ahora estoy atascado escuchándote!"

Afortunadamente, las personas no ponen los ojos en blanco muy seguido.

Y finalmente, debemos evitar escanear a alguien de la cabeza a los pies con nuestros ojos como un pedazo de carne colgando. Esto hace que cualquiera se sienta incómodo.

Cejas.

¿Qué hay de las cejas? ¿Pueden darnos pistas? Seguro. Nosotros notamos naturalmente que las cejas levantadas señalan amabilidad. Esto significa que alguien está pensando, "Hey, estás bien." Algunas ocasiones las personas inconscientemente nos dan un rápido destello de cejas. Siéntete bien cuando eso ocurre. Es una buena señal.

¿Y las cejas fruncidas? Cuidado. Esto es el equivalente verbal de decir "no" a nosotros o a lo que estamos diciendo. Deberíamos esperar un mejor momento para aproximarnos con esta persona.

Las mujeres pueden comunicar un idioma entero sólo con los movimientos de sus cejas. ¿Los hombres? Seguimos evolucionando. No esperes el mismo nivel de expresividad.

Brazos cruzados.

Cuando vemos a alguien con sus brazos cruzados, nuestros primeros pensamientos son de alejarnos. Esta persona luce protectora o desea mostrar autoridad. Tal vez no estén de acuerdo con nosotros o se sienten amenazados por la situación. Esto podría ser verdad.

Pero recuerda, una simple señal de lenguaje corporal podría significar muchas cosas diferentes. Por ejemplo, los brazos cruzados también podrían significar:

- La persona tiene frío.
- La persona está nerviosa y quiere esconder sus manos temblorosas.

- La persona podría estar ocultando que le falta un botón a su camisa.
- La persona quiere relajarse y está en una posición cómoda.
- O, este hombre no tiene abdominales de "six pack," sino abdominales de barril de cerveza. Este es un buen lugar para recargar los brazos.

Así que, ¿cómo sabemos lo que ésta persona quiere proyectar con los demás? Revisa el rostro de la persona. O revisa sus ojos. Busquemos otras pistas que nos ayuden a determinar si es una persona segura de aproximar.

Cabeceo.

No es un secreto que asentir con la cabeza significa aprobación. Un ligero movimiento arriba y abajo es suficiente. No queremos lucir como un juguete.

Cuando las personas nos hablan, disfrutan del sentimiento de aceptación cuando estamos de acuerdo con ellos y cabeceamos ocasionalmente.

Estrechar manos.

Las personas no estrechan manos naturalmente con sus enemigos. Extender nuestra mano para estrechar la de los demás en una genial señal de lenguaje corporal. Le muestra a los demás que nos agradan y deseamos conocerlos.

Cuando extendemos nuestra mano, asegurémonos de que nuestra palma no está apuntando hacia abajo. Esto puede enviar señales negativas. En lugar de eso, asegurémonos de que nuestra palma está apuntando hacia un lado, o mejor aún, apuntando ligeramente hacia arriba. Esta es una posición más "abierta" y señala amistad.

Otras señales de lenguaje corporal.

¿Qué tal si alguien está frotando su mentón?

Instintivamente sabemos que están pensando en lo que les dijimos. Las buenas noticias son que nos estaban escuchando. Deberíamos sentirnos genial acerca de esto.

¿Qué tal si alguien está tocando sus dedos sobre la mesa o el escritorio mientras hablamos? Hay una buena posibilidad de que hayan perdido el interés de lo que decimos, o que estamos demorando demasiado en llegar al punto.

¿Se encogen de hombros? Dependiendo de nuestra relación, esto podría significar desde "No me importa" hasta "¿Por qué estamos teniendo esta conversación?"

¿Revisan la hora? Hmm. Alguien quiere estar en algún otro lugar en este mismo momento.

Asegurémonos de que nuestro lenguaje corporal es bueno.

Por ejemplo, ¿lucimos cansados? Eso no es bueno. ¿Lucimos como que estamos llenos de energía y felices de estar donde estamos? Esto es mejor.

Para conseguir un look más animado, podríamos hacer algunos saltos o calistenia antes de conocer personas. Ejercitar nuestros cuerpos le dice a nuestros cerebros que se emocionen. Las personas que conocemos son reactivas. Ellos reaccionarán positivamente ante nuestro entusiasmo y emoción.

Esto comienza un círculo virtuoso genial. Cuando ellos tienen reacciones positivas gracias a nosotros, nosotros reaccionamos ante ellos de manera más amistosa. Luego, su reacción ante nuestra amabilidad... y, bueno, entendemos el punto. Círculos virtuosos interminables de retroalimentación positiva son maravillosos.

Pero sólo queremos conocer personas nuevas, ¿correcto?

No queremos ser un investigador del lenguaje corporal. Sin embargo, una rápida mirada al lenguaje corporal antes de aproximarnos con alguien es de mucha ayuda.

Vamos a hacerlo simple.

1. Queremos observar señales felices.

2. Queremos observar señales infelices.

¡Es todo!

No queremos conocer personas de mente cerrada o irritables. Las buenas noticias son que nosotros elegimos a las personas a las que nos aproximamos.

¿Una rápida lista de lenguaje personal antes de aproximarnos a personas nuevas?

1. Sonreír.

2. No fruncir las cejas.

3. Ser sincero, y el resto de las partes del cuerpo hacen lo suyo.

4. Y quizá agregar una menta para el aliento.

NUESTRA VOZ.

El segundo factor que las personas usan para prejuzgarnos es nuestra voz. Ahora, no somos ventrílocuos. Será difícil disfrazar nuestra voz natural por mucho tiempo. Por lo pronto, estamos estancados con ella. Pero, aquí hay algunas pistas que pueden ayudar.

Velocidad de la voz.

Algunas personas hablan muy rápido. Otras hablan muy lento.

¿Queremos hacer que los otros se sientan cómodos?

Entonces intentemos hablar más en su velocidad natural. Si hablan muy rápido y nosotros hablamos muy lento, sus mentes divagan. ¡Aburrido! Su ansiedad aumenta con cada palabra. Terminan nuestras oraciones. Quieren darnos cafeína para acelerarnos.

Incrementaremos nuestra velocidad normal para estas personas, para que no se estresen.

¿Qué hay de las personas que hablan más lento?

Si hablamos demasiado rápido con estas personas, también se sentirán estresados. No confiarán en nosotros. Sentirán que estamos tratando de pasar información furtivamente. Cuando hablamos más lento, vemos cómo el estrés baja de sus rostros.

Es más fácil que las personas confíen en nosotros cuando igualamos su velocidad al hablar.

Tono de voz.

Nuestro tono de voz puede anular el significado de nuestras palabras. Sí, podríamos decir las palabras correctas, pero nuestra voz tiene que igualar el significado de nuestras palabras.

Aquí tienes un ejemplo.

Di las palabras "Está bien" con los siguientes tonos de voz diferentes:

- Sarcástico.
- Entusiasta.
- Enojado.
- Aburrido.
- Estridente. (Tú sabes, el tono de voz que nuestra madre nos dijo que no usáramos cuando hablemos con ella.)
- Asustado.
- Amable.

Hay una diferencia, ¿verdad? En el siguiente capítulo comenzaremos a aprender qué palabras decir, pero decir palabras en un tono de voz amable hace una gran diferencia.

¿Tenemos que tomar lecciones de voz para conseguir un tono de voz perfecto? No. Usualmente nuestro tono refleja nuestras intenciones. La solución es tener buenas intenciones.

Importa el cómo decimos las cosas.

Las personas son terribles escuchando. No recuerdan lo que dijimos, pero recuerdan cómo lo dijimos. Cómo decimos las cosas puede hacer que las personas se sientan mejor o peor. Por supuesto, queremos que se sientan mejor.

¿Ahora es buen momento para hablar?

Finalmente, elige un buen momento. Nada arruina las conversaciones más que un momento equivocado. ¿Algunos ejemplos de un mal momento cuando nos aproximamos con personas? Cuando están:

- Ocupados o estresados.
- Revisando mensajes en su teléfono.
- Enganchados ya en una conversación personal.
- Subiendo a su auto.
- Poniendo comida en sus bocas.

Cuando tenemos consideración por los otros, nuestro momento será perfecto.

Ahora, vamos a revisar el tercer criterio que las personas usan para prejuzgarnos, las palabras que decimos. Mejorar en esta habilidad nos dará auto-confianza. Además, seremos más efectivos cuando conocemos personas nuevas.

¿QUÉ DIGO PRIMERO?

¿Con qué queremos comenzar nuestra conversación?

Prueba con la palabra, "Hola."

"Hola" no es muy difícil de recordar, y es una palabra socialmente aceptable. Puesto que las personas son reactivas, ellos automáticamente responderán con, "Hola." Ahora la conversación ha comenzado.

¡Vaya! La parte más difícil ha terminado.

¿Qué pasa si ellos no dicen "Hola" de regreso? Fácil. Hemos terminado con esta conversación. Es hora de seguir adelante. No hace falta continuar.

¿Qué hacemos cuando las personas dicen "Hola"?

Tenemos muchas opciones dependiendo de la situación. Vamos a dar un vistazo a las palabras más obvias que podríamos usar a continuación.

Haz una simple pregunta. ¿Por qué? Debido a que las personas tienen que responder a nuestras preguntas. Le llamamos a esto… conversación.

Aquí hay algunas preguntas fáciles de hacer:

- "¿Cómo estás?"
- "¿Cuál es tu nombre?"
- "¿Tienes un momento?"
- "¿Sabes dónde están los sanitarios?"
- "¿Has estado formado mucho tiempo?"
- "¿Estoy en la fila correcta?"
- "¿Estás disfrutando este bello día también?"
- "¿También esperas?"
- "¿Conoces al anfitrión de esta fiesta?"
- "¿Necesitas ayuda con la puerta?"
- "¿Te puedo ayudar con esos paquetes?"
- "¿Qué libro tienes ahí?"
- "¿De donde viajas?"

¿Las preguntas son la única manera de continuar nuestra conversación? No. Podríamos hacer comentarios también. Aquí hay algunos ejemplos:

- "Tienes lindos zapatos."
- "Nuestra fila es realmente larga."
- "Qué hijos tan educados tienes."
- "Ese bocadillo luce delicioso."
- "Seguro que hay mucha gente el día de hoy."

Fundamentos sociales.

Imagina que estamos en una fiesta. Nos aproximamos con alguien parado solo. Después de decir "Hola," no queremos lucir extraños al comenzar a hacer preguntas invasivas.

¿Cuáles son algunas preguntas invasivas? Aquí hay algunos ejemplos:

- "¿Cuánto dinero tienes en el banco?"
- "¿A qué hora salen tus hijos a la escuela por las mañanas?"
- "¿Son tus dientes reales?"
- "¿Has tenido operaciones últimamente?"

Está bien, sólo bromeo. Estas preguntas no sólo son invasivas, sino muy anormales.

Cuando conocemos a alguien nuevo en una fiesta, queremos mantener la conversación fácil, segura, ligera y alegre. Las personas pueden sentirse renuentes al abrirse a un extraño en los primeros segundos.

Así que después de "Hola," nuestra conversación podría sonar como esto:

"¿Cuál es tu nombre?"

Nada mal. Nadie en una fiesta se ofendería por eso.

¿Podríamos hacer esta conversación fácil para nuestro interlocutor? Prueba diciendo esto en su lugar:

"Hola. Mi nombre es Keith. ¿Cuál es tu nombre?"

¿Por qué es más cómodo esto? Debido a que ofrecimos nuestro nombre primero. Esto hace que las personas se sientan más relajadas con nosotros. Le mostramos a nuestro nuevo amigo que somos abiertos al ofrecer voluntariamente nuestra información primero.

En las fiestas, hay una secuencia común de preguntas que podemos hacer. Aquí están:

"¿Cuál es tu nombre?"

"¿De dónde eres originario?"

"¿En qué trabajas?"

Nada invasivo aquí. Las personas escuchan estas preguntas todo el tiempo. Nadie se pondría nervioso con ellas.

Estas preguntas familiares relajan a nuestras nuevas amistades. Con el tiempo, podemos hacer preguntas más profundas, con más significado.

Ajustarnos a nuestra área.

Escuchemos a otros hablar antes. En ciertas áreas, habrá una secuencia social diferente de preguntas. Por ejemplo, en Minnesota, cuando hablas con alguien, tienes que preguntar qué camino tomaron, y cuánto tiempo les tomó llegar. Es un requisito.

¿En Inglaterra? ¡Dios mío! Parece que hay algún tipo de ley que dice que debemos de hablar sobre el clima... sin parar. ¿Por qué? No lo sé. El clima nunca cambia. Siempre es miserable con pronósticos a empeorar.

Bueno, algo de exageración. Inglaterra sí tiene buen clima uno o dos días por año, pero solo por la tarde. Pocas personas recuerdan esto, pero ha sido registrado. (Bueno, es sólo el punto de vista de un extranjero.)

Si asistimos a una convención de granjeros, tenemos que reportar la última ocasión que llovió y cuánto.

Si asistimos a una convención de ventas, debemos de comentar los baches en la economía y por qué las personas no pueden comprar.

El punto es, este es un modo fácil de comenzar una conversación y encajar al mismo tiempo.

Comienza sin motivos ocultos.

Cuando conocemos personas nuevas, naturalmente están un poco a la defensiva. Buscan pistas en nuestro rostro, nuestro lenguaje corporal y nuestro vocabulario. Ellos piensan automáticamente:

"¿Por qué estás comenzando esta conversación? ¿Realmente estás interesado en mí, o tienes otras intenciones? ¿Debería ser muy cuidadoso y reservado si hablo contigo? ¿Me costará dinero? ¿Estás tratando de pedirme un favor?"

Sí, nuestro programa de supervivencia interno nos protege 24 horas al día. Las personas están programadas para ser cautelosas.

Esas son las malas noticias. ¿Listo para las buenas noticias?

Las personas quieren hablar con nosotros.

Más específicamente, **quieren hablar.** La idea que la mayoría de las personas tiene de una conversación es, "Un monólogo sobre mí."

Todo mundo ama hablar sobre ellos. Esperan con ansia que las personas les hagan preguntas. Seremos la mejor parte de su día. Su jefe no los escucha. Su familia no los escucha. Sus amigos los ignoran. ¡Podríamos ser la superestrella que les hace el mes!

Estos son los básicos para comenzar una conversación.

Puede ser un comienzo bastante aburrido, pero por lo menos comenzamos.

Ahora, si queremos ser aburridos, que nos olviden pronto y rápidamente desvanecernos de los recuerdos de alguien, esto sería el límite de nuestra conversación.

Pero queremos que otros nos recuerden, ¿no es así? Queremos conversaciones interesantes con las personas. Queremos no sólo conocer personas nuevas, sino crear nuevas amistades también, ¿verdad?

Pero, hicimos progresos.

Con un lenguaje corporal natural, un tono de voz razonable y algunas preguntas seguras… ¡sorpresa! ¡Estamos conociendo personas nuevas!

No es tan difícil. Si somos mínimamente competentes, podemos hacer esto.

¿Pero quién quiere quedarse con el mínimo? Nosotros no. Queremos superar nuestros miedos al conocer personas nuevas y llevar nuestras conversaciones y relaciones a niveles más avanzados.

¡Sigamos mejorando!

¿PODEMOS CONTROLAR LAS REACCIONES DE OTRAS PERSONAS?

Sí.

Las personas son reactivas. Van por la vida en piloto automático, reaccionando con sus programas internos.

¿Quieres ver esto en acción?

Cuando le decimos "Hola" a alguien, ¿qué es lo que esperamos de regreso? La persona normalmente reacciona diciendo, "Hola."

Cuando le sonreímos a alguien, ¿qué es lo que esperamos de regreso? Que la persona sonría.

Los humanos no piensan en estas reacciones. Ellos simplemente reaccionan.

Así que, deberíamos pensar, "El comportamiento de las personas es sólo una reacción ante lo que decimos y hacemos."

La prueba del billete de $100.

En un estacionamiento, vemos a un desconocido y le damos un billete de $100. ¿El desconocido tendrá una reacción? ¡Totalmente! El desconocido dice: –¡Vaya! ¡Gané la lotería! Por cierto, ¿tienes más dinero que me puedas dar?–

Sí, podemos esperar esta reacción ante nuestro obsequio de $100.

Ahora, imagina esto. En lugar de darle al extraño $100, ¿qué tal si le damos a ese desconocido un puñetazo en la nariz? ¿El desconocido reaccionará? ¡Claro!

El desconocido dice: –Oh, eso fue grosero.– (O posiblemente tendrá una reacción más agresiva.)

El punto es este, conocimos al mismo extraño. Esta persona tuvo dos reacciones totalmente diferentes basadas en lo que hicimos.

Así que, es verdad, las personas reaccionan ante lo que decimos y hacemos.

¡Geniales noticias! Significa que nuestras interacciones con personas nuevas estarán dentro de nuestro control. Deberíamos adoptar la actitud de que nuestros resultados cuando conocemos personas nuevas están dentro de nuestro control. ¡Es un sentimiento liberador!

Tenemos el control de nuestras interacciones sociales.

Debemos tomar la responsabilidad personal de nuestras interacciones sociales. No podemos depender de otros. ¿Qué ocurre si vamos a un evento social, y nos paramos, como oveja perdida, contra una pared o en una esquina? Eso significa que estamos dependiendo de alguien más para que nos rescate. Ese rescate podría no llegar.

Es por eso que deberíamos dar el primer paso y aproximarnos a alguien. Al recordar que las personas reaccionan ante lo que decimos y hacemos, podemos sentirnos confiados de que nuestros intentos de conocer a alguien nuevo tendrán grandes probabilidades de éxito.

ENCONTRANDO EL CORAJE PARA INICIAR NUESTRA PRIMERA CONVERSACIÓN.

¿Quieres saber un secreto?

El conocimiento es poder. Aprenderemos algo que hará que las conversaciones sean fáciles. Este pequeño dato le puede dar esperanza incluso a la persona más tímida, más torpe, más introvertida y más socialmente discapacitada.

¿Quieres saber el secreto?

"Las personas no se preocupan por nosotros."

¿Qué? ¡¿Ese es el secreto?!

Sí.

Las personas se preocupan por sí mismas.

Recuerda, estamos hablando sobre desconocidos que deseamos conocer. No estamos hablando de personas que ya conocemos. Por supuesto, nuestros parientes y amigos se preocupan por nosotros. Bueno, sólo algunos.

¿Pero los desconocidos? Nada. Su atención está totalmente en ellos. Ellos son su tema favorito. Si comentemos un error mientras hablamos con ellos, podrían ir a casa y contárselo a sus amigos, ¿pero al día siguiente? Nos habrán olvidado.

Así que las buenas noticias son que no tenemos que sentirnos incómodos o inseguros. Recuerda, las personas no están pensando ni se preocupan por nosotros. No somos tan importantes.

¡Vaya! Eso es un alivio.

Pero otras personas conectan naturalmente.

Enfrentémoslo. Algunas personas son mejores que otras para conocer personas nuevas. Afortunadamente, no estamos en una competencia contra siete millones de personas.

Ahora mismo, podríamos estar pensando, "No soy muy bueno conociendo personas nuevas ni haciendo nuevas amistades. 99% de las personas que conozco son mejores en esto."

Eso podría ser verdad.

Pero cuando conocemos personas nuevas, sólo estamos compitiendo contra nosotros. Nuestra meta es mejorar nuestras habilidades actuales para conocer personas nuevas.

Deberíamos comparar hoy contra ayer. ¿Estamos mejorando? Si la respuesta es sí, deberíamos sentirnos bien. Queremos progresar y aprender estas habilidades para relacionarnos todos los días.

Pero... soy tímido e introvertido.

Un estimado de un tercio de todas las personas se sienten así. No estamos solos. Eso es más de dos billones de personas que no han dominado la habilidad de conocer personas nuevas de forma cómoda. Está bien, no somos la mayoría, pero seguro que hay muchos como nosotros.

Pero piensa en esto. Si un tercio de las personas que conocemos son tímidas, tal como nosotros, hablar con estas personas será fácil. Tenemos la timidez en común. Unión instantánea.

Ahora, no solucionaremos nuestro problema de timidez con algunas frases de motivación que publiquemos en nuestras redes sociales. Aprender mejores habilidades y **usarlas** para construir confianza es una mucho mejor solución para nuestro problema de timidez.

¿Hay algún atajo para que pueda comenzar?

Sí, y es muy fácil.

¿Ves a ese desconocido? Piensa esto: "Quiero mejorar el día de esa persona."

Tal vez podamos ayudar al tímido desconocido a hablar sobre su tema favorito. O, ayudarle a enfocarse en algo positivo en su vida.

¿Cómo se sentirá esa persona? Por supuesto que le agradaremos.

Y en el futuro, esta persona nos buscará. Esta persona disfrutará tener conversaciones con nosotros. Podría ser el comienzo de una amistad. Además, cuando esta persona hable con otros, nuestra reputación crecerá como conversadores geniales.

Pero... ¿qué tal si soy un total fracaso al conocer personas nuevas?

Si tenemos miedo de conectar con personas nuevas ahora, ya somos un fracaso en esta habilidad.

Sólo podemos mejorar cuando tomamos acción. La pregunta que deberíamos estar haciéndonos es, "¿Estoy listo para mejorar en esto ahora?"

Pero antes de que nos apresuremos a conocer personas nuevas, vamos a aprender algunas habilidades de conversación. De esta manera nos sentiremos más cómodos con nuestras conversaciones iniciales.

Después, aprenderemos dónde encontrar y conocer personas geniales.

EMPATÍA.

Domina la empatía. Luego, conocer personas es fácil.

P. ¿Cuál es una buena manera de comprender la empatía?

R. Ponernos dentro del cerebro de la otra persona.

Cuando vemos cosas desde el punto de vista de las otras personas, es fácil conectarnos. Las conversaciones son fáciles. La afinidad se hace sin esfuerzo.

Todos piensan que están bien.

Mi amigo, Richard Brooke, dice esto:

"Como seres humanos, somos increíblemente cerrados de mente y arrogantes. Realmente creemos que lo que pensamos que es verdad es CIERTO, y que lo que alguien más cree es simplemente SU OPINIÓN. Esta arrogancia y necedad nos hace apegarnos a nuestras creencias, cegándonos a cualquier otra posibilidad – otra posibilidad que podría impulsarnos a nuestro éxito."

Está bien, pensamos que estamos en lo correcto.

Nuestro punto de vista es el punto de vista correcto.

Lo que creemos es verdad.

Suena muy natural, ¿no es así?

Pero espera. Queremos conocer a esa nueva persona en el otro lado del salón. ¿Qué es lo que piensa?

Sí. Está pensando exactamente lo mismo. Sabe que sus puntos de vista y creencias son correctas.

¿Quieres conectarte?

Amamos personas que:

1. Piensan de la misma manera que nosotros.

2. O, por lo menos respetan, honran, y nos permiten pensar diferente.

Primero, la parte fácil.

Si nos aproximamos a la persona del otro lado de la sala, y piensa de la misma manera que nosotros... conectarnos se hará sin esfuerzo y en automático.

Ahora viene la parte difícil.

Si nos aproximamos a una persona nueva del otro lado de la sala, y no piensa de la misma manera que nosotros, tendremos que enseñarnos a respetar, honrar y permitirle pensar diferente. Necesitamos prepararnos para permitir nuevos puntos de vista.

No les digas a las personas que están equivocadas.

Cuando comencé mi carrera, me sentía obligado a corregir los puntos de vista incorrectos o estúpidos de las demás personas. Nadie quería hablar conmigo. Me tomó algún tiempo descifrar por qué las personas evitaban hablar conmigo.

Las personas no quieren que las corrijamos. Las personas detestan cuando les decimos que están equivocadas.

Si queremos conocer personas nuevas exitosamente, no podemos corregir sus opiniones incorrectas y equivocadas. Debemos mordernos la lengua y sonreír. Esto no es cómodo de hacer en el principio, pero con el tiempo, nos hacemos más suaves sobre esto. ¿Las personas a veces se equivocan? Seguro. ¿Deberíamos de ayudarlos señalando sus errores? No.

Primero, no escucharán nuestras correcciones. Segundo, nos odiarán por haberlo hecho. ¡Suficiente! Una vez que dejé de corregir las equivocaciones de las otras personas, las conversaciones mejoraron mucho. Las personas me querían. Hice muchos más amigos y contactos.

Las personas quieren aprobación. No quieren críticas.

Entre más podamos aceptar y aprobar los puntos de vista de las otras personas, más atractivos nos hacemos como compañeros de conversación. Piensa en nuestras propias experiencias. ¿Nos gusta cuando las personas nos dicen que estamos equivocados? No.

Mira a las personas con las que nos asociamos actualmente. Ellos tienen muchos de los mismos puntos de vista que nosotros tenemos. Es por eso que nos gusta estar con ellos.

¿Y por qué las otras personas están tan equivocadas a menudo?

Bueno, no están equivocadas.

Las personas tienen diferentes puntos de vista, creencias y prejuicios basados en sus experiencias en el pasado. Por ejemplo, tal vez hemos experimentado 30 años de feliz matrimonio. Tenemos un cierto punto de vista sobre el matrimonio.

¿La siguiente persona con la que hablamos? Tal vez ha sufrido a través de su divorcio número 7. Todos sus divorcios fueron polémicos y ásperos. ¿Esa persona tiene un punto de vista y una opinión diferente respecto del matrimonio? ¡Por supuesto!

Cuando hablamos con esta persona nueva, no es que nosotros estemos bien y él esté mal. En lugar de eso, deberíamos tratar de entender los puntos de vista diferentes basados en experiencias diferentes.

La mayoría de las personas no están equivocadas. Ven la vida a través de los lentes de las experiencias pasadas, prejuicios y los programas que recibieron mientras crecían. Sí, nuestro mundo luce muy diferente al de los demás.

¿Pero qué tal si las personas obviamente están equivocadas?

Está bien. Sucede. Algunas personas que conocemos insistirán en que la tierra es plana, que los extraterrestres ya han aterrizado y que todo hecho conocido es parte de una teoría de conspiración. Tal vez sólo hay pocas de esas personas, pero parece que se mueven rápido. Las encontramos con más frecuencia de lo que nos gustaría.

¿La regla para tratar con personas que están obviamente equivocadas? Lo mismo. No entrar en desacuerdo. No nos pagan cheques por jugar el papel de "policía de idiotas."

A nadie le gusta que le digan que está equivocado. La mejor manera de comprender este sentimiento es experimentarlo. ¿Listo?

Estamos en una reunión social y conocemos a una persona llamada Jeff. Esta es nuestra conversación.

Jeff: –Qué gusto conocerte también. Oye, ¿cómo te sientes sobre el nuevo gobernador?–

Nosotros: –No está mal. Si la mayoría lo eligió, deberíamos de darle su oportunidad.–

Jeff: –¡¿Qué?!! Sólo los pervertidos, los asesinos seriales y los psicópatas apoyan a este tipo de plagas de la humanidad. ¿A cuál grupo de degenerados perteneces?–

Nosotros: –Ehhh…–

No es un buen sentimiento, ¿no es así? Cuando las personas entran en desacuerdo, sentimos que están atacando no sólo nuestro juicio, sino también nuestro carácter.

¿Cómo evitamos estos embarazosos encuentros cuando conocemos personas?

Al permitirles expresar sus opiniones, mientras nos guardamos nuestras opiniones para nosotros. A nadie le importan nuestras opiniones de todas formas. Las personas no tienen espacio en sus cerebros para los intereses de otras personas. Sí, un poco exagerado, pero las personas tienen un trabajo de tiempo completo sólo pensando en ellos mismos.

Así que, ¿qué deberíamos de hacer cuando las personas expresan una opinión totalmente diferente a la nuestra? Bien, no queremos mentir y decir que estamos de acuerdo con ellos. En lugar de eso, podemos decir con tacto, "Interesante. Nunca lo había visto de esa manera."

Luego, dejemos que nuestro interlocutor continúe.

¿Qué hay si nuestro compañero de conversación insiste en que digamos nuestra opinión primero? Podemos decir con tacto, "Wow. Hay mucho qué decir sobre eso. ¿Dónde podríamos comenzar?"

Nuestro compañero de conversación no puede resistir la oportunidad de hablar más. Tomará el control de la conversación de nuevo en esta oportunidad. Ahora, estamos seguros. Sólo debemos de escuchar.

Cómo practicar la empatía.

Mientras estamos en público, elegimos a un individuo para observarlo. Por ejemplo, digamos que estamos sentados en el área de comida del centro comercial. Un hombre está molesto con su comida, gritándole a sus hijos y tiene el ceño fruncido. Nos podríamos preguntar. "¿Qué le ocurrió a este hombre antes de que viniera al centro comercial? ¿Lo mordió un perro? ¿Sus hijos lo despertaron temprano? ¿Alguien estornudó sobre su platillo?"

Algo en el pasado inmediato de ese hombre ocasionó que reaccionara negativamente. No sabemos qué fue. Sólo estamos adivinando. Pero ahora comprendemos que su punto de vista de un día en el centro comercial es totalmente diferente a nuestro punto de vista.

Luego, vemos a una mujer con sus tres hijas. Todas están felices y pasando un buen rato. Imaginemos qué les ocurrió. Tal vez estaban esperando un día para salir en familia. O, posiblemente recibieron un descuento en el restaurante. Pero sabemos que este segundo grupo ve el día en el centro comercial a través de un lente totalmente distinto.

Vamos a un evento deportivo. Vemos una persona que ha pintado su rostro con los colores de su equipo. Vive y muere con el resultado de cada jugada del partido.

¿Por qué se siente de esta manera? Quizás durante la preparatoria un jugador del equipo habló frente a su salón. Después, el jugador compró un helado para todos los de la clase.

¿Su punto de vista de la vida? El mundo gira en torno a la fortuna de su equipo favorito.

Y, a nosotros no nos gusta este equipo.

Pero no tenemos que sacar esto a la conversación. Simplemente podemos apreciar su punto de vista de que su equipo es el mejor equipo en la historia de la humanidad.

Con el tiempo, encontramos más fácil apreciar los puntos de vista de las otras personas. La empatía se construye con paciencia.

Además, este ejercicio nos da un beneficio más. Al observar el lenguaje corporal de otras personas con el tiempo, sabremos qué tipo de personas evitar cuando conozcamos personas nuevas. Algunas personas son agresivas o extremadamente defensivas. Este tipo de personas no son buenos candidatos para conversaciones, especialmente cuando apenas vamos comenzando en nuestra aventura para conocer personas.

Apreciar, no aceptar.

Empatía significa que apreciamos su punto de vista. Comprendemos por qué podrían pensar de esa manera.

Empatía no significa que tenemos que aceptar personalmente sus puntos de vista como la última verdad. Está bien que las personas piensen diferente sobre las cosas de la vida. Nuestra misión en la vida no es hacer que todas las personas piensen de la misma manera que nosotros.

¿Qué ocurre cuando hay poca o nada de empatía?

Observa dos partidos políticos. Cada partido piensa que el otro partido está 100% equivocado sobre cada asunto. No hay cooperación. No hay aprecio. No se permiten los puntos de vista diferentes. Bastante feo, ¿no es así?

Este no es un buen modelo para conocer y conectar con personas nuevas.

Ese encuentro negativo con una persona nueva.

Incluso con nuestros mejores esfuerzos. Ocasionalmente tendremos una mala experiencia con una nueva persona. Con empatía, este rechazo será más fácil de comprender. Nos damos cuenta de que esta persona no nos está rechazando, sino que está reaccionando a algunos eventos previos en su vida. Fuimos la primera oportunidad para que esta persona descargara su equipaje negativo. Tuvimos mala suerte. Desafortunadamente, su ácido vómito verbal cayó sobre nosotros.

A veces ocurre.

Piensa en nuestras vidas. ¿Alguna vez hemos tenido un mal momento? Nuestro objeto adorado se rompe. Nuestro equipo favorito pierde. Nos despiden. El policía nos da esa multa ignorando nuestras súplicas por piedad. De alguna manera, pensamos que somos los únicos que tienen momentos de desdicha extrema. Desafortunadamente, todos los tenemos.

Recuerda, sólo vemos la capa superficial del 15% de las vidas de las personas en redes sociales. El 85% restante de sus vidas no es tan bello.

No queremos juzgar nuestros progresos al conocer personas nuevas por estos momentos extremos. Ocurren a veces. Y le ocurren a todos. Podemos dejar que estos momentos nos detengan. O, podemos comprender a esas personas y a sus sentimientos, y luego continuar hacia adelante conociendo personas nuevas.

FUNDAMENTOS DE CONVERSACIÓN.

Este capítulo será breve.

Cuando conocemos personas nuevas, tenemos muchos miedos.

¿Qué diré? ¿Luciré inteligente? ¿Sobre qué debo de hablar? ¿En qué estará pensando la otra persona mientras hablo?

Olvida estas preocupaciones. Ninguna de ellas aplica.

Déjame describir la conversación perfecta desde los ojos de nuestro interlocutor.

La conversación perfecta.

Nuestro compañero de conversación **nos habla.** Nosotros escuchamos.

¿Cómo ser popular?

Escuchamos, mientras nuestro compañero de conversación **nos habla.**

La realidad de las conversaciones.

¿Por qué las personas nos buscan como compañeros de conversación? Debido a que quieren nuevas personas con quien hablar. Ya han aburrido a sus demás compañeros de conversación.

¿La única habilidad que necesitamos saber?

Cómo escuchar.

Mal consejo.

"Come menos, ejercítate más."

Ese es el peor consejo de pérdida de peso de la historia. ¿Por qué? Debido a que no es la realidad para personas con sobrepeso como yo.

Es científicamente correcto. Es lógico. Pero esa no es nuestra realidad. Mira a tu alrededor. Hay pruebas por doquier. Cada persona obesa ya conoce ese consejo, y no ha marcado la diferencia.

Aquí está un consejo igualmente malo:

"Sólo habla con personas."

Cuando conocemos personas nuevas, no quieren que les hablemos. Ellos quieren hablar.

¿Es todo?

Sí. Fácil. Fin del capítulo.

FUNDAMENTOS DE ESCUCHAR.

¿Cómo nos sentimos cuando los demás no nos escuchan? ¿Nos sentimos ofendidos cuando los demás no nos prestan atención a nosotros o a lo que estamos diciendo?

Nos sentimos devaluados e ignorados.

Cuando conocemos a alguien por primera vez, escuchar con etiqueta es obligatorio. Si no lucimos como que estamos escuchando o prestando atención, estamos condenados.

¿Qué deberíamos de hacer y no hacer para lucir como un buen escucha? Aquí hay algunas ideas.

Escuchar: la imagen completa.

Si oímos para escuchar y comprender, nuestro lenguaje corporal y respuestas reflejan nuestras buenas intenciones. Nuestro deseo de escuchar y comprender lo que la otra persona dice solucionará la mayoría de los problemas de lenguaje corporal.

¿Pero qué significa "oír para escuchar y comprender?"

Primero, seamos curiosos. Esto enfoca nuestra atención.

Segundo, si queremos aprender nuevas perspectivas, tratemos de comprender el significado de las palabras de la otra persona.

Queremos internalizar el mensaje. Queremos saber cómo este mensaje se aplica a nosotros.

Aquí está lo contrario. Nuestro interlocutor habla. Nosotros escuchamos sus palabras sólo para saber qué diremos después. No pensamos sobre el mensaje. En lugar de eso, pensamos sobre lo que podemos decir tan pronto nuestro compañero se calle. La gente se da cuenta de esto. Y no se ve bien.

Oír para entender el mensaje, sin preocuparnos sobre qué podemos decir después, funciona. Luciremos geniales ante los ojos de los demás.

Desafortunadamente, la mayoría de las personas se comunica pobremente. No escuchan a la otra persona. Están tan atrapados en la conversación dentro de sus cabezas que se comunican en piloto automático. Hablan tan pronto encuentran un espacio en la conversación.

¿Qué tan fea es esta comunicación automática?

Realmente fea. Y lo pusimos a prueba. Prepárate para este impacto.

Yo viajo en avión y conozco docenas de miembros del personal. Lo mismo en mis estancias de hotel. Conozco al personal de registro en la recepción del hotel. Además, conozco al personal de servicio cuando salgo a comer. ¿Adivinas lo que a todos estos miembros de personal se les paga por decir?

"¿Cómo estás hoy?"

Dicen estas palabras con tanta frecuencia que salen en automático. Han perdido su impacto.

Así que durante años, así es como he estado respondiendo a esta pregunta de "¿Cómo estás hoy?"

Yo respondo: –Estoy gordo.–

¿Puedes adivinar las respuestas a mi contestación?

Desafortunadamente, ya lo sabes. El personal no escucha o nota mi respuesta. En lugar de eso, prosiguen con la conversación preguntando mi apellido, qué es lo que deseo ordenar, etc.

Están tan acostumbrados a que la gente responda, "Estoy bien." Oyen esa respuesta tantas veces que apagan la parte de su cerebro que escucha después de preguntar, "¿Cómo estás hoy?" Apagan su atención ante mi respuesta, para que puedan pensar más en ellos mismos. Es vergonzoso, pero es verdad.

Algunas veces voy con alguien cuando hago mi registro o pido mi comida. Les advierto con anticipación para observar su respuesta. Ambos nos damos una buena carcajada con eso después.

¿Nadie escucha?

Bien, no todos ignoran mi respuesta, "Estoy gordo." Como dos de cada diez personas me miran y dicen, "¡¿Ehh?!" Sí, 80% de las personas con las que hablamos no están escuchando lo que decimos.

¿Qué sucede cuando alguien nota mi respuesta poco usual? Sonríen. Luego mienten diciendo: –Oh, no está gordo.– Por lo menos son políticamente correctos y amables.

La lección que podemos sacar de esto es que debemos de escuchar atentamente a lo que alguien dice. Es demasiado fácil asumir lo que alguien más dirá, y apagar nuestras mentes a la comunicación.

"Un día más cerca de la muerte."

¿Cuál es otra razón por la que debemos de prestar mucha atención a lo que los demás dicen?

Imagina este escenario. Conocemos a una persona nueva y decimos, "¿Cómo estás hoy?"

Y responde, "Un día más cerca de la muerte."

¡Auch!

Nosotros contestamos, "Ehhh… ehhh… bueno, creo que no quieres que sea mañana."

¿Queremos a esta persona en nuestra vida? Probablemente no. Pero si escuchamos automáticamente, no notaríamos su deprimente respuesta.

Ahora, todos **hablan** de escuchar, pero ese es el problema. Son sólo palabras.

¿Qué hay sobre algunos consejos rápidos que nos ayuden a escuchar mejor?

CONSEJOS PARA ESCUCHAR QUE NOS HACEN LUCIR ASOMBROSOS.

No tenemos que pagar un costoso curso para comenzar a escuchar mejor ahora mismo. Con unos pocos ajustes a nuestra manera de pensar actual, podemos ser mucho mejores escuchas inmediatamente.

No hables.

Sabemos que el tema favorito de las personas son ellos mismos. Eso es todo sobre lo que quieren hablar. ¿Nuestras vidas? Ni siquiera se acercan a un mísero segundo lugar.

La única razón por la que la mayoría de las personas quieren hablar es... para hablar sobre sí mismos. Cuando hablamos, sienten como si estuviésemos robando su tiempo para hablar.

Hay otro problema cuando hablamos. Cuando hablamos, dejamos de escuchar, y también nuestro compañero de conversación.

¿El mejor consejo? No hablar.

El poder del puño.

Si estás sentado, esta es una mejor manera de ser un mejor escucha. Forma un puño con una mano, colócalo debajo del mentón y, ¡presiona hacia arriba! Esto hará que nuestra boca esté cerrada. Esta es una herramienta de conversación genial.

¿Y qué ocurre cuando sentimos el impulso de hablar? ¡Presiona todavía más fuerte! Las personas dirán que somos geniales compañeros de conversación cuando no hablamos. Eso es lo que las personas están buscando en una conversación. Ellos hablan. Nosotros escuchamos.

Y si tenemos miedo de "poner el pie en la boca," entonces la técnica del puño bajo el mentón previene que digamos algo estúpido.

¿Aprobación?

A las personas les encanta la aprobación. Se visten para la aprobación. Posan para la aprobación. Y si le damos aprobación a las personas cuando hablamos, nos amarán.

¿Cómo le damos aprobación a alguien sin interrumpir su monólogo? Al cabecear ligeramente. Esto le indica a nuestro interlocutor, "Sí. Por favor continúa. Eres tan interesante. Estoy de acuerdo contigo, 100%. Eres increíblemente inteligente con tu sabiduría omnisciente."

Bueno, bueno, un poco exagerado, pero un ligero cabeceo funciona.

Sin embargo, no lo exageres. Eso luce falso y actuado.

Oír para escuchar, no para responder.

Como lo mencionamos en el último capítulo, si oímos para ver qué podemos decir después, nuestra mente trabajará fuertemente en nuestra inteligente respuesta. ¡Pero espera! Eso significa que no estamos pensando en el significado de lo que nuestro compañero de conversación está diciendo. Es como si no estuviésemos escuchando del todo.

¿Nuestro compañero notará esto? Sí. Y nuestro compañero sentirá una falta de respeto debido a que no valoramos sus palabras.

Esto toma práctica. No es una habilidad natural. Una manera rápida de mejorar rápidamente es decirnos a nosotros mismos, "Quiero 'leer entre líneas' lo que esta persona está diciendo."

Al pretender que somos un detective o investigador, nuestra concentración mejora. Ponlo a prueba. El beneficio agregado es que es divertido.

Subir de nivel apesta.

¿Cómo se siente nuestro compañero de conversación cuando minimizamos sus logros diciendo que nosotros hemos hecho más? Aquí hay un ejemplo de este tipo de conversación.

Compañero: "Acabo de ir a un crucero de una semana."

Nosotros: "¡Eso no es nada! Yo tomo un crucero de dos semanas tres veces por año."

Compañero: "En el crucero, comencé a hacer ejercicio y entré en forma."

Nosotros: "Yo estoy entrenando para el próximo maratón."

Compañero: "Ahorré todos los meses para subir al crucero."

Nosotros: "Ahorrar es para pobres. Yo invertí agresivamente en acciones, como la gente rica e inteligente."

Compañero: "Bueno, por lo menos lo pasé genial en el crucero."

Nosotros: "Yo lo pasé mejor. Me senté en la mesa del capitán, tomé los mejores tours, y claro, soy miembro del club VIP de la naviera. Me dan toda clase de privilegios."

Nuestro compañero de conversación quiere ser el héroe o heroína de la conversación. Nosotros hacemos que las personas se molesten cuando les decimos que somos mejores. Todos detestan a las personas arrogantes y egocéntricas. Es imposible construir afinidad cuando tratamos de superar sus historias.

Evita lucir como interrogador.

¿Recuerdas esas películas policíacas donde los detectives fastidian al pobre prisionero? Los detectives arrojan preguntas rápidas al prisionero, esperando derribar sus defensas.

No queremos sonar como eso. Demasiadas preguntas en poco tiempo podrían poner a algunas personas a la defensiva. Arroja una pequeña pausa antes de hacer la siguiente pregunta.

Asegúrate de que las preguntas se relacionan con lo que nos dijo nuestro interlocutor, en lugar de sonar como que las preguntas salieron de una lista preparada.

Piensa cómo nos sentiríamos si alguien nos preguntara esto en una rápida ráfaga:

- "¿Cuál es tu nombre?"
- "¿Dónde vives?"
- "¿Cuántos hijos tienes?"
- "¿Qué edad tienen?"
- "¿A qué hora salen de la escuela?"

Oh-oh. Esto se está poniendo muy personal muy rápido. No se siente bien. Algunas pocas pausas podrían ayudar.

Si accidentalmente activamos la reacción de interrogación de nuestro compañero, mencionamos algo sobre nosotros brevemente. Luego, por supuesto, dejamos que nuestro compañero comience a hablar de nuevo.

Preparemos una lista de preguntas de emergencia.

Cuando sea posible, preparemos una lista de preguntas de emergencia antes de conocer personas. ¿Por qué? Si la conversación comienza a secarse, el silencio es ensordecedor. Todos se sienten avergonzados en estos momentos incómodos.

Si conocemos a alguien con quien nos interesaría conversar, preguntémonos, "¿Cuáles son tres preguntas que le podría hacer a esta persona?"

Estas preguntas y respuestas serán interesantes para nosotros. Nuestro compañero de conversación se siente respetado también.

¿Qué más podemos hacer? ¿Qué tal preparar una lista de preguntas fáciles diseñadas para abrir la conversación o mantenerla corriendo? Tener algo que podemos preguntar siempre nos hará tener más confianza. Aquí está una lista para comenzar con este tipo de preguntas.

- "¿Dónde están las bebidas?"
- "¿Sabes dónde están los sanitarios?"
- "Me perdí la primera parte del evento. ¿Podrías decirme qué fue lo que cubrieron?"
- "¿Cómo conociste a tu esposa?"
- "¿Conoces al organizador?"
- "¿Dónde compraste esos zapatos?"
- "¿Has tomado algún viaje últimamente?"
- "¿Sabes a qué hora termina este evento?"

Nuestros logros son... nada.

A las personas no les importan las grandiosas cosas que hemos logrado. ¿Por qué? Debido a que **no** están interesados en nosotros. Están interesados en ellos mismos. ¡Son egoístas! (Como nosotros.)

Pero, ¿qué tal si ganamos el Premio Nobel de la Paz la semana pasada? No, nadie quiere escuchar sobre ello. Superémoslo.

Si las personas no están interesadas en nuestros maravillosos logros entonces, ¿están interesadas en nuestros problemas?

¡No! Están menos interesadas en nuestros problemas. Nadie quiere escuchar sobre nuestros problemas. Incluso a los psicólogos que se les paga por escuchar problemas quieren tiempo para recuperarse.

- ¿Qué tal si tuvimos una pinchadura antes de llegar al evento? No, nadie quiere saberlo.
- ¿Qué tal si sobrevivimos a una dura operación? No, nadie quiere escucharlo.
- ¿Qué tal si un dragón nos arrancó ambos brazos durante una pelea? No, nadie quiere escuchar sobre ello.

¿Puedes ver el patrón?

Así que, ¿qué tal si tuvimos un mal día, y sólo queremos que la gente se sienta afligida por nosotros? Nadie quiere escuchar nuestras aflicciones. Estamos interrumpiendo su tiempo para hablar.

"¿Cómo estás?"

Escucha esas palabras detenidamente. Cuando comencé a conocer personas nuevas, interpretaba esta pregunta como, "Por favor cuéntame toda tu vida." Vaya. ¡Mi interpretación estaba muy equivocada!

Nuestro compañero de conversación quiere que respondamos, "Oh, estoy bien. Disfrutando este día genial. ¿Qué hay de ti?"

Ese debería ser el límite de nuestra parte de la conversación.

Las personas quieren que terminemos de hablar rápido, para que puedan volver a hablar.

Ten curiosidad. Haz preguntas.

Hacer preguntas es una manera grandiosa de comenzar una conversación con quien sea. Esto también nos da una oportunidad de aprender. Nos hacemos más completos con las cosas nuevas que aprendemos. Como beneficio extra, ahora podemos participar de manera más efectiva en conversaciones futuras.

Piensa en todas las cosas geniales que podemos aprender al escuchar a los demás. Ellos han tenido experiencias que nosotros no podríamos tener nunca. Han conocido personas que nosotros nunca conoceremos. Qué manera tan genial de aprender cosas nuevas.

Sólo haz preguntas y escucha.

No tenemos que tener intenciones ocultas con cada persona todo el tiempo. No tenemos que tratar de hacer amistades condicionales para que podamos pedirles un favor. Y no tenemos que estar buscando una oportunidad para venderle a todos nuestra última idea o invento.

Pero… estoy nervioso. ¿Qué pensarán las personas sobre mí?

¿Recuerdas? Dejemos de hablar sobre nosotros, y comencemos a hablar sobre los demás. Cuando nuestro enfoque está sobre otros, no escucharemos a nuestra voz interna diciendo, "No sé de qué estoy hablando. ¿Cómo me veo? ¿Mi cabello luce bien?"

Seamos un poco más curiosos. Hagamos algunas preguntas y dejemos que nuestro interlocutor hable más. Cuando nos enfocamos en la otra persona, nos olvidamos de nosotros y de nuestros problemas.

¿Qué tal si no sabemos cómo responder?

¿Tienes miedo de esa pausa cuando no sabemos qué decir? No te preocupes. La pausa luce eterna para nosotros, pero para nuestro compañero de conversación, le muestra que estamos pensando sobre lo que dijo.

Buenas noticias: las personas son impacientes. Si hacemos una pausa muy larga, comenzarán a hablar de nuevo. Ellos aman llenar el tiempo muerto con más palabras. Así que no te sientas intimidado o presionado a hacer una respuesta rápidamente.

Recordemos el significado de "charla."

Charlar es permitir que la otra persona haga toda la plática, mientras nosotros nos relajamos y escuchamos.

Quizá esto sea una exagerada definición de "charla," pero es verdad. La mayoría de las conversaciones no son intercambios de investigaciones científicas. La mayoría de las conversaciones consisten de una persona que sólo habla sobre sí misma. La otra persona escucha pacientemente, evitando interrumpir.

¿Qué hay sobre la conversación inicial? ¿Las primeras pocas oraciones cuando conocemos a alguien?

Las primeras pocas frases son la manera en la que los humanos se miden entre sí. Para nosotros, esto es parte del proceso de construcción de afinidad. Nuestro compañero de conversación formará una opinión de nosotros basado en estas pocas primeras palabras. Con suerte, esta opinión será positiva. Y luego, nuestro compañero puede hablar y hablar y hablar.

Recordemos, nuestro compañero de conversación nos está revisando. Quiere saber si aprobaremos su monólogo.

¿Pero qué hay de nuestro lado de la conversación? Tenemos grandes cosas para compartir con la humanidad.

No deberíamos preocuparnos por que nuestra maravillosa información y asombrosas experiencias estarán guardadas dentro de nosotros por siempre. Podríamos tener una oportunidad después. Quizá.

La mayoría de las personas tienen un programa interno de sus padres que dice, "No hables sobre ti mismo todo el tiempo. Sé educado. Deja que los otros hablen también."

Así que prepárate. Digamos algunas pocas palabras sobre nosotros. Luego, hagamos otra pregunta para que nuestro interlocutor pueda continuar hablando.

¿Cuál era tu nombre?

En *Cómo Ganar Amigos e Influir en las Personas*, Dale Carnegie nos enseño que las personas aman escuchar su nombre. Pero para hacer esto, debemos de recordar su nombre. Esa es la parte difícil. Muchos gurús y expertos tienen trucos y estrategias que nos ayudan. Los enfoques van desde decirle a nuestro compañero de conversación su nombre rápido, a asociar su nombre con algo inusual para ayudar a nuestra memoria.

Algunas pocas personas son geniales recordando nombres. La mayoría no lo son. El consejo más breve que podemos dar es interesarnos por nuestro compañero de conversación. Eso nos ayudará.

¿Qué tan importante es recordar los nombres? Preguntémonos, "¿Cómo nos sentimos cuando alguien nos llama usando un nombre equivocado?"

No se siente bien. Definitivamente no hace agradable conocer personas para ninguno de los dos. Pero no entres en desesperación. Si nos conectamos bien, podrían perdonarnos.

Si crecimos en una familia grande, recordamos a nuestra madre o padre llamándonos por el nombre equivocado a menudo. ¿Por qué? Tener muchos hijos destruye partes de nuestro cerebro. De cualquier modo, los perdonamos. Otras personas podrían perdonarnos también.

¿Sobre qué debería hablar?

Intentemos mantener nuestras preguntas dentro del contexto de nuestros alrededores. Si estamos intentando conocer personas nuevas en un rally político, la política sería un buen punto de inicio. Preguntar qué hacen como pasatiempo no podría ser muy apropiado en este momento.

Necesitamos igualar el tono del evento también. En un servicio funerario, no comenzaríamos diciendo, "Hey, ¿quieres cantar karaoke?" Esta pregunta sería apropiada en una divertida fiesta, no en un evento fúnebre.

¿Sobre qué no debería de hablar?

Si queremos que las personas se sientan bien a nuestro alrededor, no queremos hablar sobre temas negativos. Por ejemplo, evitamos a esa persona en el trabajo que siempre tiene noticias negativas. No nos sentimos bien sobre nuestras conversaciones cuando esta persona comienza diciendo:

- "¿Escuchaste sobre el aumento de impuestos próximo?"
- "¡Vaya! ¿Cuántas personas habrán salido heridas en ese accidente?"
- "No puedo creer cómo este político se está saliendo con la suya robando tanto dinero. ¿Qué piensas?"
- "¿Viste las noticias sobre el tiroteo?"
- "¿Viste que alguien ganó la lotería de los $60 millones? Qué horror tener que pagar los impuestos, vaya estafa."

¿Hay noticias positivas allá afuera? Sí, pero nuestro amigo negativo nunca las mencionará. Tiene una adicción a la negatividad. No queremos ser como él en nuestras conversaciones con personas nuevas.

¿Qué tal si alguien está "desinformado?"

Recordemos nuestra empatía. Cuando escuchamos, no tenemos la obligación de aceptar todo lo que nuestro interlocutor dice como una verdad. Sí, algunas personas cuentan historias que están enormemente exageradas. Este no es momento para corregirlas. Queremos conectar con ellas primero. Ese es el propósito de conocer personas nuevas.

No tenemos que formar una nueva opinión basada en lo que los demás nos dicen. No tenemos siquiera que darles un consejo. La mayoría de las veces es mejor escuchar sus palabras y no hacer comentarios.

Antes de leer el libro de Dale Carnegie, me sentía con la obligación de corregir cada declaración errónea en la conversación de mi compañero. Interfería con el tiempo para hablar de mi compañero. Eso es un no-no. No es de asombrar que nadie quería hablar conmigo, el verificador de hechos humano.

¿Qué tal si alguien tiene grandes problemas? ¿Debería de ayudar?

Comenzamos una conversación con un desconocido. No somos psicólogos. No depende de nosotros resolver sus profundos problemas psicológicos. Nadie espera que seamos su solución instantánea para sus problemas. Incluso si pudiésemos resolver sus problemas, ¡piensa en todos los psicólogos desempleados! ¿Quién pagaría sus hipotecas y sus albercas?

Además, si resolvemos los problemas de todos, no tendrían nada de qué hablar en las conversaciones del futuro. Si, algunas personas quieren conservar sus problemas.

Sólo estamos buscando conocer personas nuevas. Nuestros superpoderes actuales sólo se limitan a escuchar.

¿Qué tal dar consejos?

No. No lo hagas. Ni lo pienses.

Incluso si las personas nos piden consejo, no lo hagas.

¿Por qué?

1. Las personas no quieren nuestros consejos. Nunca. Ya están haciendo lo que quieren hacer.

2. Nuestros consejos entrarán en conflicto con los datos que nos dieron. No conocemos toda la historia.

3. Las personas quieren aprobación. No quieren que les digamos lo que deberían de hacer diferente.

4. Las personas no quieren que usemos su tiempo para hablar con nuestros consejos.

5. No podemos siquiera comenzar a entender la historia de vida de esta persona, sus programas internos, etc. No tenemos suficiente información.

6. Nuestro consejo parte de nuestra historia de vida y programas. Esto no es ni remotamente cercano a la experiencia de la otra persona.

7. Esta no es una buena manera de hacer una buena primera impresión.

Entendemos el punto. Mientras que podrían haber excepciones, dar consejo es una mala idea generalmente cuando estamos tratando de conocer personas.

¿Pero qué tal si me suplican por consejos?

Ten cuidado. Esto es una trampa. Ellos no quieren consejo. Sólo quieren aprobación para lo que están haciendo. No entres ahí.

Sin embargo, es aceptable que nosotros le pidamos consejo. Ellos adoran decirnos qué hacer y cómo solucionar nuestras vidas. Por supuesto, nosotros no tenemos que implementar sus consejos.

¿Qué tal si quieren interrumpirme?

Déjalos. Ya han dejado de escuchar de todas formas. Observa por señales de impaciencia con nuestros compañeros de conversación. Si están ansiosos por interrumpirnos, probablemente los estábamos aburriendo de cualquier modo. Dejemos que hablen sobre algo más interesante – ellos mismos, claro.

¿Podemos interrumpirlos?

No.

No podemos interrumpir a nuestros compañeros de conversación. Esto es descortés. Interrumpir crea el siguiente diálogo dentro de la cabeza de nuestro interlocutor:

"¿Quieres interrumpirme? ¿Estás diciendo que mi conversación es aburrida? ¡¿Acaso piensas que lo que tú dices es más importante que escucharme?!"

Mal. Muy mal. Sí, odiamos estar ahí parados escuchando cuando tenemos algo qué decir. ¿Pero interrumpir? Sólo hace que las cosas empeoren.

Entonces, ¿qué haremos cuando estamos atascados escuchando un aburrido monólogo de nuestro compañero de conversación? Aquí hay algunas opciones:

- Fingir un ataque cardíaco. Dejemos que los paramédicos nos ayuden a salir de esta situación tan incómoda.
- Trata de involucrar a otra persona en la conversación. Entonces es más fácil decir, "Disculpen. Necesito escaparme por un segundo."
- Durante uno de nuestros cabeceos de aprobación, decimos, "Sí. ¡Oh, vaya! Deberíamos de formarnos en la fila para las bebidas."
- Pide una tarjeta de presentación y comenta, "Vaya. Esta es una tarjeta genial. Déjame mostrársela a mi amigo de allá."

Y algunas ocasiones, estaremos atrapados. Esto es parte del precio de conocer personas nuevas. Nunca sabemos a qué nos enfrentaremos hasta que los conocemos.

¿Qué tal si alguien es grosero?

Táchalos de tu lista potencial de amistades. ¿Quién quiere un amigo que es grosero con las demás personas?

No deberíamos prejuzgar su rudeza, puesto que no sabemos con quién hablaron antes de nosotros. Pero, deberíamos de entender la indirecta. Cuando nuestro interlocutor nos da respuestas cortas, de una palabra, no quiere continuar con nuestra conversación. Tal vez está pasando un mal día.

Los peligros de fingir escuchar.

No finjamos escuchar para tener una oportunidad de hablar sobre nuestros objetivos. Al no poner atención a lo que las demás personas dicen, lucimos muy mal. Aquí está un ejemplo.

Nosotros: "¿Cómo estás hoy?"

Compañero de conversación: "Mi madre murió ayer."

Nosotros: "Sí. ¿Te comenté sobre el nuevo coche que quiero comprar?"

Bueno, nuestro coche nuevo definitivamente es interesante para nosotros. Domina nuestros cerebros. Cuando no prestamos atención a la conversación de nuestro compañero, podría ser vergonzoso. ¡Presta atención!

Comencemos con conversaciones ligeras y no invasivas.

Hacer preguntas sobre las últimas vacaciones es seguro.

Hacer preguntas sobre el estatus de su matrimonio… no es tan seguro.

No te pongas personal demasiado pronto.

Las conversaciones iniciales no son un buen lugar para compartir detalles íntimos. Por ejemplo, nadie quiere escuchar sobre nuestros problemas de higiene personal. En lugar de eso, tal vez quieran algo más agradable en nuestra conversación inicial.

¿Cuándo es un buen momento para que podamos hablar?

En el inicio. Y sólo brevemente. Usualmente la palabra "Hola" será suficiente. Luego, dejemos que la otra persona hable. Sólo estamos comenzando nuestro camino con la habilidad de conocer personas nuevas. No hace falta que tengamos cosas interesantes qué decir.

¿Las personas no me juzgarán a mí y mi falta de habilidades de comunicación?

No tenemos que ser el mejor entrevistador o conversador del mundo de inmediato. A las personas no les importa mucho. Sólo quieren hablar. Estamos ahí. Ellos nos hablan y están felices. Problema resuelto.

¿Pero qué ocurre cuando tengo que hablar?

¿Qué clase de preguntas puedo hacer después para que mi compañero continúe hablando?

Tratemos de evitar preguntas que puedan ser respondidas con una o dos palabras. Esto se llama preguntas "cerradas." Por ejemplo, si nuestra pregunta puede ser respondida con un simple "sí" o "no," entonces, es una pregunta "cerrada."

En lugar de eso, hagamos preguntas abiertas que requieran una respuesta más larga. Eso nos quita la presión y hace que nuestro compañero hable de nuevo.

Aprender a hacer preguntas abiertas e interesantes es fácil. Aquí tienes algunos ejemplos.

- "¿Cómo te sientes al respecto de su discurso."?
- "¿Cuál es tu opinión sobre esta propuesta?"
- "¿Podrías explicar cómo funciona eso?"

Estamos buscando preguntas que tengan respuestas más largas.

Cuando hablamos sobre los demás.

Cuando nuestro compañero nos pide nuestra opinión sobre otras personas, seamos positivos. Si es posible, hagamos un cumplido sobre la otra persona. Si este cumplido llega a la otra persona, tendrá diez veces el efecto que tendría si lo hubiésemos dicho directamente a esa persona.

¿Por qué evitamos decir cosas negativas sobre otros? Primero, a las personas les gusta asociarse con personas positivas. Segundo, ¿qué tal si decimos algo negativo sobre el conocido o la amistad de esta persona? Esto podría hacer que el resto de nuestra conversación sea feo.

Hacer que la conversación siga.

Un secreto de las nuevas conversaciones es encontrar un suelo común. Algunas veces nuestro compañero de conversación nos dará pistas. Otras veces, tendremos que adivinar. Aquí hay algunas preguntas comunes que podemos hacer para ayudarnos a ubicar un terreno común:

- "¿Tienes mascotas?"
- "¿Disfrutas del clima cálido como el de esta semana?"
- "¿Cuál es tu pasatiempo favorito?"
- "¿Cuál es tu programa favorito en televisión?"
- "¿Cómo te enteraste de este evento?"
- "¿Cómo conociste al anfitrión?"

Sí, puede ser difícil encontrar un terreno en común con algunas personas, afortunadamente, una charla es más sobre cantidad que calidad.

Después, una vez que estemos más cómodos unos con otros, podemos tener discusiones profundas y significativas.

Si tenemos paciencia, podemos eventualmente encontrar algo interesante sobre todos con quienes hablamos. Incluso los opuestos más extremos tienen algo interesante sobre ellos. Démosle a todos una oportunidad. Podrían sorprendernos.

Cómo hacer que la otra persona siga hablando.

¿Alguna vez has sentido como que no sabes qué decir? Entonces nuestra mejor estrategia es dejar que la otra persona continúe hablando. Aquí hay algunas frases de "por favor continúa con tu brillante conversación" que podríamos usar.

"Aha, ¡qué interesante! ¡Vaya! Dime más."

"Hmmm, ya veo."

"¿A qué te refieres con eso?"

"Te entiendo."

"Eh-heh."

"¿En serio?"

"¿Cómo te sientes sobre eso?"

"¿Y luego qué ocurrió?"

"¿Cómo te afecta eso?"

"Wow. Eso es difícil de hacer."

"Eso es interesante."

"¿Y qué piensas que ocurrirá después?"

"No comprendo del todo. ¿Podrías explicarme más?"

"¿Cómo te podría ayudar?"

"Cuéntame más."

"Vaya, ¿cómo lo superaste?"

"Tengo curiosidad de por qué respondiste así."

¿Por qué tantas maneras de hacer que las personas continúen hablando? Para que podamos aprender más. Somos curiosos. Es difícil aprender cosas nuevas si **estamos hablando.** Las demás personas tienen información, habilidades y experiencias que nosotros no tenemos. Esta es nuestra oportunidad de agregarlas a nuestras vidas.

Pistas de lenguaje corporal.

En un nivel subconsciente, las personas pueden detectar si estamos escuchando o esperando por nuestra oportunidad de hablar. Las personas siempre quieren saber qué tipo de intenciones tenemos. Ejemplos de intenciones:

- Hombres coqueteando con mujeres para conseguir una cita.

- Vendedores fingiendo ser amistosos para construir confianza con clientes potenciales.
- Desconocidos buscando una nueva amistad o alguien para conversar en una fiesta.
- Universitarios recién ingresados que buscan nuevas amistades potenciales con quienes tengan intereses en común.
- Políticos buscando personas de influencia para ayudarles en su reelección.
- Personas que hacen amistades incondicionales para poder pedir un favor.

Escuchar es duro. Nuestras mentes quieren divagar. Queremos pensar y hablar sobre nuestras intenciones.

¿Qué pistas detectan los prospectos cuando nuestra mente no está dentro de la conversación?

- Nuestras miradas vidriosas.
- Expresión en blanco.
- Nerviosismo mientras esperamos.
- Reacciones tardías ante lo que dicen, por que no estábamos escuchando.
- Miradas perdidas viendo a las demás personas alrededor.

Bostezar sería una pista tan obvia que incluso la mente consciente la detectaría.

¿Cómo se siente nuestro compañero de conversación? ¿Molesto? ¿Devaluado?

¿Cómo lucimos ante nuestro compañero de conversación? ¿Descortés? ¿Sin interés? ¿Egoísta?

El punto es, deberíamos de ser curiosos. Deberíamos de oír para escuchar y comprender. No deberíamos escuchar sólo para saber qué decir después.

Si prestamos mucha atención a lo que nuestro interlocutor está diciendo, obtendremos un obsequio grandioso. Nuestro interlocutor pensará que somos carismáticos.

Y como beneficio extra, nuestros compañeros de conversación creerán que somos un genio, tal como ellos.

Ríete de las bromas.

Cuando nos reímos de las bromas de las demás personas, se sienten bien. Y si estamos haciendo nuevos amigos, hacerlos sentir bien es importante.

¿Qué tal si la broma no es divertida? No nos cuesta mucho forzarnos un poco para reír un poquito. La alternativa es fea. Alguien dice una broma, y nosotros los miramos fijamente con un rostro sin expresión. Sí, eso debería de asesinar cualquier conexión que esa persona sentía con nosotros.

Si encontramos que no somos capaces de reír ante bromas que no son graciosas, ahora es un momento excelente para practicar frente al espejo. Podríamos necesitar esa reacción en nuestra búsqueda de conocer personas nuevas.

Desafortunadamente, no todos tienen el mismo gusto cuando se trata del humor.

Y finalmente, etiqueta con el teléfono.

Nuestra meta es conocer personas nuevas y tener una conversación.

Nuestra meta no es estar hablando o usando nuestro teléfono.

Si tomamos en serio conocer personas nuevas, necesitamos apagar nuestros teléfonos.

¿Qué? Sí, apagar nuestros teléfonos. Es legal. Nadie nos arrestará. El mundo seguirá existiendo.

¿Por qué apagar nuestros teléfonos?

Vamos a practicar nuestra empatía. Imagina cómo nos sentiríamos en esta situación.

Una persona se acerca y comienza una conversación. Durante la conversación, esta persona constantemente revisa su teléfono y sus mensajes. Tal vez incluso comienza a responder algunos mensajes.

¿Cómo nos sentimos?

Sentimos que cualquier cosa en el teléfono de esta persona es más importante que nuestra conversación. ¡Nuestro valor se desploma hasta el suelo! Incluso el mensaje menos importante o notificación tiene más valor para esta persona que nosotros. Esto no va a terminar bien.

¿Qué sigue?

Ahora tenemos suficientes consejos sobre escuchar como para ser profesionales. Ante los demás, luciremos como el compañero de conversación más asombroso en la historia de la humanidad. Nos amarán. Estarán agradecidos de que hayamos comenzado una conversación con ellos.

Pero sigamos adelante y demos un breve vistazo a la afinidad. Necesitaremos esto para mantener nuestras conversaciones en movimiento.

CONSTRUYENDO AFINIDAD.

La afinidad viene después de que hacemos ese contacto inicial y comenzamos nuestra conversación. Construir afinidad es natural para la mayoría de nosotros.

Por ejemplo, una de las maneras de construir afinidad es encontrar algo en común. Ya hacemos esto cuando conocemos a alguien nuevo. Ve si esta conversación te suena familiar.

Nuestro compañero de conversación dice, "Soy de Omaha."

Y si podemos, ¿cómo respondemos naturalmente?

Decimos, "Yo conozco a alguien de Omaha." O, "Manejé a través de Omaha una vez hace 22 años rumbo a una conferencia."

De alguna manera, sabemos cómo buscar puntos en común para conectarnos con personas. Estamos buscando:

- Personas que conocemos en común.
- Lugares que ambos hemos visitado.
- Gustos similares de comida.
- Equipos deportivos en común.
- Emoción en común por las ofertas en tiendas departamentales.
- Experiencias que ambos disfrutamos.

Las palabras claves aquí son "en común."

Ya tenemos algo en común.

Una manera de ver la afinidad es que ambos estamos del mismo lado de un asunto o creencia. Pensamos lo mismo.

¿Significa que debemos de estar de acuerdo al 100%? No. Tal vez nuestra afinidad es que ambos creemos en tener una mentalidad abierta. Creemos que los demás tienen opiniones válidas que son diferentes de las nuestras.

Pero la mayoría de las veces, la afinidad significará que pensamos de la misma manera. Es por eso que desesperadamente buscamos algo en común cuando hablamos con una persona nueva.

Pero aquí están las buenas noticias. Ya estamos en el mismo lado de algo. ¿Qué tenemos en común? Bueno, nosotros y la persona que acabamos de conocer, ambos decidimos estar... aquí.

- Si es un rally político, tenemos nuestros puntos de vista sobre política en común.
- Si es en una oferta en la tienda departamental, a ambos nos encantan las ofertas.
- Si es en un seminario sobre "cómo invertir en bienes raíces," compartimos nuestra emoción por las inversiones.
- Si es en un festival, ambos venimos para pasar un rato agradable y socializar. ¿Qué podría ser más fácil?

Cuando tenemos algo en común, construir afinidad es fácil. Todo lo que necesitamos hacer es recordar qué nos trajo a este evento o lugar.

¿Anti-afinidad?

Cuando conocemos personas por primera vez, deberíamos de evitar hablar sobre religión, política, deportes, y remedios de salud. Las personas tienen fuertes creencias sobre estos temas.

Por ejemplo, si tenemos 100 nutriólogos en un salón, tendríamos 100 opiniones diferentes sobre lo que deberíamos de hacer con nuestra salud. Todos asegurarían que están en lo correcto, y que los otros 99 son idiotas ignorantes. Bueno, tal vez no tanto, pero casi.

Está bien que escuchemos. Podemos permanecer dentro de la afinidad si los escuchamos.

¿Pero ofrecer nuestra opinión? Esto podría ser el comienzo de dejar atrás nuestra afinidad. Sí, conoceremos personas nuevas, pero sólo una ocasión. Evitarán futuros contactos con nosotros.

La afinidad es fácil.

Si evitamos los desacuerdos, y buscamos temas en común, nos irá bien cuando conozcamos personas nuevas.

Así que por ahora, vamos sólo a concentrarnos en nuestro objetivo principal, conocer personas nuevas. Hay muchos libros muy buenos sobre construir afinidad. Escribimos uno de esos libros: *¡Cómo Obtener Seguridad, Confianza, Influencia y Afinidad al Instante! 13 Maneras de Crear Mentes Abiertas Hablándole a la Mente Subconsciente.*

¿Nos sentimos como un ninja con nuestras habilidades para escuchar?

Deberíamos. Estas bases de sentido común nos ayudarán a escuchar mejor y crear lazos con nuestros compañeros de conversación.

¿Pero qué hay sobre reflejar, modelar, técnicas de PNL, contacto visual ninja y la hipnosis conversacional?

Seguro, podemos aprender más sobre escuchar y construir afinidad. Siempre queremos mejorar. Pero no pospongamos hablar con personas al escondernos detrás del pretexto que necesitamos más entrenamiento.

Por ahora, queremos conocer personas nuevas.

Sigamos adelante con algunas bases para grupos de personas.

REGLAS GRUPALES BÁSICAS.

Entramos a un salón lleno de extraños. ¿Podría ser este el miedo número uno de nuestra vida? Oh, podría ser peor. ¿Qué tal si tuviésemos que dar un discurso frente a este grupo? Ahora, ¡eso sería mucho peor!

Un cuarto lleno de desconocidos es un reto para nuestras habilidades sociales. Nuestras habilidades sociales podrían ser débiles. ¿Por qué?

Perdimos mucha de nuestra capacidad para conocer y hablar con personas con el surgimiento de la tecnología. Reemplazamos hablar con alguien por teléfono por un correo electrónico o un mensaje de texto. Hacemos nuestras compras en línea, en pijama. No vamos al centro comercial local. Evitamos a las personas y a las multitudes.

¿Cuándo fue la última vez que hablamos con un cajero de un banco? Ahora vamos al cajero automático, o hacemos nuestros trámites en línea.

Es tiempo de desempolvar algunas de nuestras habilidades sociales.

Nuestra zona de confort.

Si somos introvertidos, gravitamos hacia lo que es más cómodo. Conocer nuevas personas no es fácil.

En una fiesta o en una reunión grupal, si conectamos con una persona nueva, querremos estar con esa persona. ¿Pero cómo se sentirá nuestro nuevo contacto si monopolizamos su tiempo durante toda la noche? Nada bien. Luciremos necesitados y pegajosos. Nuestro nuevo contacto podría sentir que no tenemos otros amigos.

No queremos, pero debemos separarnos. Esto le da a nuestro compañero de conversación un descanso de nosotros.

Las buenas noticias son que esto nos da una oportunidad de conocer a otra persona nueva en esta reunión.

Sonríe frente al estrés.

Si queremos conocer personas en un grupo, sí, será algo más retador. En grupos, algunas personas son amigos cercanos. Ellos forman un círculo cerrado y su lenguaje corporal parece dejarnos fuera de sus conversaciones. Otras personas lucen intimidantes. Tal vez no sentimos que tendremos mucho en común con ese motociclista que colecciona tatuajes sentado en la barra.

Incluso cuando no estamos cómodos, podemos cambiar nuestra perspectiva. Esto está dentro de nuestro control. Un poco de cambio de mentalidad nos ayudará.

Aún así podemos intentar sonreír y tratar de aproximarnos a las personas nuevas si pensamos, "Hey, ¡ellos también quieren conocer personas nuevas! No vinieron a esta fiesta para estar solos."

Intenta encontrar "solitarios" primero.

Revisa las paredes. La mayoría de los asistentes solitarios intentará camuflarse con el fondo y recargarse contra las paredes. Mirarán a sus teléfonos, o tratarán de lucir poco llamativos. Estarán emocionados cuando tengan alguien con quién hablar. Es vergonzoso estar solo en una fiesta o una reunión grupal. No quieren lucir como la única persona en la fiesta que no tiene amigos.

Sentirnos como solitarios no es un buen sentimiento. Esta podría ser nuestra "buena acción" del día también. Ahora nuestras oportunidades de conocer a alguien mejoran.

Usemos las palabras de apertura que aprendimos antes. Lo bueno es que estamos conociendo a una persona, no a un grupo entero. Y, esta persona está agradecida de hablar con nosotros.

Cuando nos aproximamos a esta persona, recordemos que no nos conoce y tendrá prejuicios instantáneos con nosotros. Ahora no es el momento para un mal lenguaje corporal. Tampoco es momento para una primera pregunta invasiva.

Queremos comenzar con una pregunta fácil sólo para revisar la temperatura de esta persona. Una pregunta fácil podría ser algo tan simple como, "¿Sabes dónde está la anfitriona?" O, "¿Me podrías decir dónde están los baños?"

Cuando responden a la pregunta, podemos medir si quieren continuar una conversación con nosotros o no. Estemos atentos por respuestas de una palabra de personas que fruncen el ceño y lucen como si se estuvieran recuperando de una cirugía de hemorroides. Esa es una pista.

Si conocemos a una persona a la vez, pronto tendremos muchos contactos en la fiesta o el evento. De hecho, ¡seremos populares con los demás introvertidos!

¿Por qué comenzar primero con los individuos introvertidos? debido a que es intimidante llegar con un grupo cerrado de amigos. Tratar de entrar a una conversación en curso entre amigos cercanos es duro.

Recordemos, no tenemos que conocer a todos en la fiesta. Eso debería de liberarnos de algo de estrés.

¿Quieres otra estrategia para grupos?

¿Quién organizó esta fiesta o evento?

Si asistimos a un evento, encontremos al organizador y ofrezcámonos para ayudarle. La mayoría de los organizadores apreciarán toda la ayuda que puedan obtener. Podemos ofrecer nuestra ayuda en la mesa de registro. Esto nos da la excusa perfecta para decirle "Hola" a todos. No seremos un desconocido después cuando conversemos con ellos. O, ofrezcámonos para repartir los materiales.

¿Qué hay de las fiestas? Encontremos al anfitrión o anfitriona, y ofrezcamos ayuda. Podríamos tomar una charola con aperitivos alrededor del salón y ofrecerlos a los invitados. Esto es una manera genial de hacer nuestra impresión inicial no sólo con el anfitrión o la anfitriona, sino también con todos en la fiesta. Es una manera natural de conocer personas, y no nos sentiremos tan cohibidos. Y con suerte, conoceremos a todos en la fiesta dentro de la primera hora.

Permanecer en sincronía cuando entremos en conversaciones grupales.

¿Qué tal si queremos unirnos a un grupo de extraños? Cuando nos incorporamos a un grupo, asegurémonos de que estamos totalmente conscientes de la conversación actual. Sí, es una buena idea escuchar un poco antes de hablar. Aquí hay un ejemplo de estar fuera de sincronía con una conversación grupal.

Un grupo está hablando sobre un reciente desastre en la ciudad. Nosotros saltamos a la conversación diciendo, "Me encanta coleccionar camisetas con fotos de gatos. ¿Alguien ha visto una buena últimamente?"

El grupo siente como si alguien estuviese rasguñando una pizarra.

Usemos el sentido común. Nos gustaría contribuir y realzar la conversación actual si estamos en un grupo.

¿Qué tal si el grupo tiene opiniones fuertes?

¿Es seguro hablar y compartir nuestras opiniones con estos tercos desconocidos?

Queremos evitar opiniones sobre otras personas. ¿Pero sobre eventos? Podemos arriesgar nuestra opinión de manera segura si:

1. Si el grupo entero se queja, podemos ofrecer nuestro comentario negativo.

2. Si el grupo entero ama un evento, podemos ofrecer nuestro comentario positivo.

Si tenemos algunas dudas, no nos arriesguemos al rechazo y al ridículo. Decimos, "Wow. Esto es interesante. No sabía todo esto. ¿Qué piensas de eso?"

Sí, pasemos la conversación a alguien más... rápido. Queremos conocer personas nuevas. Ahora no es el momento de convertir personas nuevas a nuestro punto de vista sobre las cosas.

Así que vamos a continuar. Sabemos que queremos conocer personas nuevas. Ahora, encontremos algunas personas nuevas con las que hablar.

ENCONTRANDO PERSONAS NUEVAS.

¿Agotamos nuestros contactos personales?

Podemos ir a cualquier lugar para conocer personas nuevas. Pero seamos inteligentes con nuestra búsqueda.

Si buscamos personas nuevas en ambientes positivos, tenderemos a conocer personas positivas. Si buscamos personas en ambientes negativos, tenderemos a conocer personas negativas.

¿Cuál sería una mejor elección? ¿Decidir asistir a un evento de desarrollo personal o a una excursión tarde por la noche a un bar del centro con personas deprimidas?

¿Quieres sentirte cómodo cuando conozcas personas nuevas? Ve a lugares donde las personas tienen intereses similares a los tuyos. Por lo menos tendremos más de qué hablar cuando conozcamos a alguien.

¿Dónde conozco personas especiales?

Las personas están en todas partes.

Este no es el reto. El reto está dentro de nuestra cabeza. Sí, es una mentalidad. No se ha reportado una sequía de humanos cerca de nosotros.

Si sentimos como que no hay nadie con quien hablar en nuestra ubicación, esto sería un buen momento de cambiar ese pensamiento.

Nosotros somos la ubicación. Sí, a donde sea que vayamos, hay personas a nuestro alrededor.

Posiblemente pensemos que no hay personas a quien **aproximarnos.**

Ah, ahora eso es diferente. Si no sabemos cómo aproximarnos a las personas, entonces esa mentalidad siempre seguirá igual. Afortunadamente, ya aprendimos cómo aproximarnos a las personas. Y, podemos elegir a cualquier persona que queremos conocer.

¿A quién me aproximo primero?

Puesto que iniciaremos el contacto, podemos elegir dónde buscamos personas nuevas.

Jim Rohn era famoso por decir, "Somos el promedio de las cinco personas con quien pasamos más tiempo."

Esto sugiere una pregunta grandiosa. Si podemos elegir a las personas que queremos conocer, ¿con quién nos gustaría pasar nuestro tiempo?

Si nos asociamos con personas que son positivas y tienen confianza, comenzaremos a contagiarnos. Cuando estemos buscando conocer a alguien nuevo, ¿qué cualidades y rasgos nos gustaría que tuvieran? Podemos controlar lo que buscamos.

Piensa acerca de asistir a una fiesta. ¿Con quién quieren mezclarse las personas? ¿Gente negativa? ¿O personas que son positivas?

Por supuesto, con las personas que son positivas. Ellos tienen historias más divertidas. Ellos hablan sobre sus viajes. Ellos tienen metas y sueños. Y, están buscando el mejor lado de las situaciones.

¿La gente negativa? Ellos quieren que los demás tengan compasión por ellos y culpan a todo el mundo por sus infortunios. O atacan la reputación de otras personas para sentirse mejor sobre ellos mismos. Si queremos cambiar para mejorar, deberíamos evitar a toda costa a la gente negativa. Si los hacemos nuestros amigos, ¡nos contagiarán!

Ahora, encontremos algunas personas.

Grupos sociales.

En lugar de ser los solitarios de la fiesta. Podríamos asistir a un club social local que tenga un pasatiempo en común. Por ejemplo, si nos gusta comer, podría haber un "grupo de cenas" que se reúne mensualmente en restaurantes. Cada reunión ocurre en un restaurante nuevo para probar los platillos. Sí, nos reuniremos con las mismas personas una y otra vez, pero les encanta reunirse y socializar en torno a la comida. Si esta es nuestra pasión, podríamos unirnos a varios grupos de cenas. Sólo tenemos que vigilar nuestra cintura.

En Internet, no es difícil encontrar un grupo interesante que tenga resonancia con nosotros. Por ejemplo, si te encanta la idea del camping en trailer park, no tienes que ser dueño de un trailer park para participar en el grupo. Quienes no son dueños de un trailer park son bienvenidos en el grupo.

¿Clubes de lectura? Algo más tranquilo. Los miembros se reúnen para discutir el último libro de su elección. Definitivamente un lugar seguro para conocer personas nuevas. Por supuesto, este grupo podría ser menos extrovertido que otros grupos. Lo mismo con los grupos que se reúnen para jugar juegos de mesa.

¿Danza del vientre? Algunos de nosotros tenemos más vientre del que necesitamos. Sería un buen ejercicio con otros haciendo una actividad divertida. Pero, unirnos a un grupo para jugar voleibol nos pondría en contacto con personas más extrovertidas.

Hay grupos de música, arte, actividades al aire libre, moda, películas, ejercicio, fotografía, idiomas y más. Incluso hay grupos de entusiastas de Harry Potter en algunas ciudades. Seguramente hay algunos grupos a los cuales nos encantaría pertenecer.

Oportunidades de aprendizaje.

Personas y compañías ofreciendo cursos privados a menudo tienen clases de prueba. Ya sea que los cursos hablen de desarrollo personal o inversión, una cosa es segura. Las personas que asisten a estas clases o eventos serán positivas, estarán en busca de un mejor futuro. Es un grupo de personas genial para conocer. Busca clases o sesiones sobre inversión, finanzas, relaciones, ventas, presupuestos... las opciones son ilimitadas.

Rodearnos con personas positivas que quieren aprender significa que conoceremos personas de mente abierta.

¿Tienes miedo de hablar en público?

Casi todos lo tienen. Algunos aseguran que hablar en público es un castigo mucho peor que la muerte.

Toastmasters es famoso por ayudar a las personas a superar su miedo de hablar en público. Aquí hay una oportunidad para aprender una nueva habilidad mientras conocemos a personas nuevas cada semana. Podremos conocer muy bien a los miembros de nuestro grupo. Los escucharemos hablar sobre sus experiencias personales cada semana.

Hay un lazo en común con el grupo. Superamos nuestro miedo y aprendemos nuevas habilidades al mismo tiempo.

Grupos de referidos.

En los negocios, los grupos de referidos o de networking son muy comunes. Crear contactos nuevos es la sangre que da vida a un negocio en expansión. Mientras hay grupos de networking de alto nivel que conectan personas con habilidades altamente especializadas, buscaremos participar en grupos más generales. Por ejemplo, si somos un dueño de un negocio pequeño, la Cámara de Comercio tiene reuniones mensuales. Cada persona en el grupo asiste por el único propósito de conocer a alguien nuevo. ¿Qué tan fácil es eso?

Existen muchos grupos informales fuera de la Cámara de Comercio. De nuevo, todos los asistentes quieren conocer personas nuevas. Eso significa que quieren conocernos. Y no necesitamos tener tarjetas de presentación para participar.

Algunos grupos son bastante formales con tarifas, obligaciones y reglamentos, por ejemplo, el grupo de networking BNI. Este grupo de dueños de negocio que se reúne durante el desayuno únicamente con el propósito de crear nuevos prospectos para los demás.

Sin embargo, no hay nada que nos detenga de comenzar nuestro propio grupo de referidos. Podríamos incluso crear un grupo sin cuotas.

¿Fiestas?

Cuando vamos a una fiesta, en el comienzo, vayamos con un amigo. En el peor de los casos, tendríamos a alguien con quién hablar. En el mejor, podríamos invitar a alguien a nuestra conversación.

Las fiestas podrían ser reuniones después del trabajo, celebraciones de cumpleaños, eventos de despedida y bienvenida. ¿Necesitas más ideas?

¿Qué tal una reunión para un asado en un día festivo o una reunión para estrenar una casa? Sé creativo. Lo que es genial de las fiestas es que todos están en un estado de ánimo festivo. Es fácil comenzar conversaciones con personas nuevas cuando están felices. Si nosotros organizamos el evento, todos querrán hablar con nosotros.

¿Viajamos?

El viajar nos garantiza estar en contacto con personas nuevas. Vamos a sacar ventaja de esta oportunidad.

Si estamos en un ambiente de viajes, las personas a nuestro alrededor también son viajeros. No sólo tenemos algo en común, ellos también podrían querer conocer personas nuevas.

Aquí hay algunas preguntas interesantes que podemos utilizar para comenzar y mantener nuestra conversación.

- "¿Qué es lo mejor para ver mientras visito la ciudad?"
- "¿Qué es algo de tengo que hacer mientras visito la ciudad?"
- "¿Cuál es el mejor lugar para comer aquí?"
- "¿Tienes alguna recomendación de los mejores lugares para quedarme?"
- "¿De dónde vienes hoy? ¿Has viajado desde muy lejos?"
- "¿Sabes dónde podría encontrar...?"
- "¿Conoces a alguien aquí?"

Estas preguntas son fáciles, ligeras y nadie se sentirá invadido.

¿Reuniones?

Reuniones familiares. Nuestros parientes se casaron con personas que no conocemos. Podemos tener el objetivo de darles la bienvenida y ayudarlos a presentarse con los demás miembros de la familia. Eso no fue nada difícil.

¿Reuniones de ex-alumnos? Podríamos organizar una reunión improvisada de compañeros. O, sugerirle una reunión improvisada a nuestro amigo súper social. Él o ella podrían organizar el evento con nuestra ayuda.

¿Y adivina quién asiste a las reuniones? Personas que conocemos, pero también vienen con sus parejas. De nuevo, podemos tranquilizar a estas personas nuevas presentándoles a los demás en el grupo.

Asiste a una exposición o evento para casas.

Cada año, muchas ciudades tienen eventos o exposiciones para productos caseros. Cientos de vendedores muestran sus nuevas y mejores ideas y productos frente a miles de visitantes. La mayoría de las personas se apresuran entre cada puesto. Los vendedores luchan para hablar con ellos debido a que muchas personas tienen miedo de ser presionadas.

Podríamos practicar hablar con estos vendedores durante sus tiempos muertos. Además, podríamos ayudarlos haciendo que su stand luzca ocupado.

Mercados de pulgas.

Toda ciudad tiene un mercado de pulgas. Cientos de personas esperan su fin de semana, para cazar y regatear baratijas en sus mercados de pulgas favoritos. ¿Con quién podemos hablar ahí?

Con los vendedores, por supuesto. Si estamos interesados en tapetes exóticos de piel de oveja peruana, conoceremos otras personas en ese puesto naturalmente. Ya con eso, tenemos un interés en común. Oh, y no olvides los puestos de comida. ¿Qué tenemos en común con todos los que están haciendo fila en los puestos de comida? ¡Comida! Es fácil hablar de lo hambrientos que estamos, o cómo este puesto prepara las mejores empanadas del mundo.

Redes sociales.

Conocer personas en línea no es igual a conocerlas en persona. Podemos llamar a esto la versión "light" de conocer personas.

Algunas personas llevan esto al extremo. Tienen 5,000 amigos imaginarios en Facebook. ¿Realmente los conocen? No.

Esto podría darnos una pista. Queremos contactos y relaciones de calidad en lugar de simplemente hacer click en un botón que diga que somos amigos. ¿Y cómo crearemos relaciones más profundas con estos contactos iniciales? Con las mismas técnicas que aprendimos antes en este libro. Preguntas ligeras, escuchar, etc.

Aquí tienes una estrategia online fácil. Preguntémonos esto: "Si tengo la opción, ¿me gustaría conocer a alguien lejos, o localmente?"

¿La respuesta? Si nos conectamos con personas localmente, podemos eventualmente reunirnos en persona en un evento o para un café en el restaurante local. Como ya los conocimos en línea, no nos sentiremos intimidados cuando los conozcamos en persona.

¿Hay algo malo con conectar con personas que viven lejos? No. ¿Quién no quiere tener amigos de Nepal? ¿O de Estonia? Sólo es más difícil reunirnos en persona y construir relaciones más profundas.

¿Cuándo es una buena idea usar redes sociales para practicar conocer personas nuevas? Cuando no podemos salir y conocer personas frente a frente. Esto podría ser tarde por la noche cuando los niños están en cama. O, si aún estamos reuniendo el coraje para conocer a alguien en persona, podemos ganar práctica en línea.

Otra estrategia en línea es contactar con personas que tienen intereses similares. Hay muchos lugares en línea donde las personas de intereses comunes se reúnen. Comencemos ahí donde tendremos la mejor oportunidad de construir afinidad.

Clases nocturnas.

No necesitamos un diploma de la universidad para asistir a una escuela nocturna. La mayoría de las comunidades tienen clases nocturnas baratas con una multitud de temas de interés. ¿Qué tema deberíamos elegir?

El tema que más nos interese. ¿Por qué? Debido a que todos en nuestra clase tendrán algo en común con nosotros.

Qué lugar tan genial para conocer personas nuevas. Los veremos en cada clase. Esa familiaridad hará que las conversaciones sean muy fáciles.

Y como beneficio extra, aprenderemos cosas nuevas sobre nuestros temas favoritos.

Ayudar a las personas.

Demasiadas personas necesitan ayuda, y muy pocas personas están dispuestas a ayudarles. Podemos ser una de esas personas. Cuando nos ofrecemos para ayudar, es más fácil hacer amigos.

La oportunidad de ayudar personas siempre está presente. Piensa en las oportunidades diarias que se presentan. Podemos ayudar a alguien a cargar paquetes, o ayudar a alguien a limpiar cuando la reunión se termina. O en las fiestas, podemos quedarnos después y ayudar al anfitrión o anfitriona a acomodar todo.

Las escuelas, las organizaciones de voluntarios, y las caridades le dan la bienvenida a quién sea que se ofrezca a ayudar. Quién sea significa... ¡nosotros! No sólo tenemos una mejor oportunidad de practicar y conocer personas nuevas, sino que también estamos haciendo al mundo un lugar mejor para todos los demás.

¿Recolecciones de fondos? Bueno, no tenemos que ser quien le pida dinero a los extraños. No entres en pánico. Hay otros deberes que podemos hacer para ayudar a la organización a recolectar fondos.

¿Otro beneficio colateral de ayudar personas? Nos sentimos bien con nosotros mismos. Cuando contribuimos con la felicidad de alguien más creamos un buen sentimiento dentro de nosotros. Estos sentimientos se muestran en nuestra apariencia externa cuando conocemos a otros. Ahora somos aún más atractivos ante los demás.

Clases de baile y defensa personal.

¿Nos gusta bailar? O, ¿nos gustaría aprender a bailar? Una clase de baile nos obliga a conocer personas nuevas. Si vamos por nuestra cuenta, podemos balancear a los demás solteros. Entre más, mejor.

¿Qué hay de clases de defensa personal? Las buenas noticias son que veremos a las mismas personas cada semana. No será difícil comenzar una conversación con ellos.

¿Te gusta leer?

En lugar de leer libros en casa, ¿por qué no unirnos al grupo de lectura de la biblioteca local? Veremos a las mismas personas semanalmente mientras conversamos de nuevos libros. Fácil.

Muchos lectores son introvertidos. Deberíamos sentirnos cómodos en este ambiente.

Romper con nuestra rutina.

Si continuamos yendo a los mismos lugares, y conservando nuestros hábitos actuales, limitamos nuestras posibilidades de conocer personas nuevas. Enfócate en la palabra "variedad" cuando estés decidiendo conocer personas nuevas.

Ve por un corte de cabello.

Los esteticistas y barberos son maestros de la comunicación. Ellos pueden mantener conversaciones con cualquiera, incluso los introvertidos más tímidos y reservados.

No hay ninguna ley que nos obligue a visitar la misma estética o barbería cada vez que necesitamos un nuevo corte de cabello. ¿Por qué no cambiar nuestra rutina? Podemos conocer a alguien nuevo y tener una conversación inmediata y relajada cada vez que necesitemos un corte.

¿Podríamos mejorar esta idea? Sí. Busquemos agendar nuestra cita para corte en un día ocupado. Así, llegamos una hora antes por error, y tenemos oportunidad de conversar con otras personas mientras esperan su turno. ¿Qué es lo que tenemos en común? Todos necesitamos un corte de cabello.

Ve por una caminata.

No camines solo. Elige un camino que sea popular con las personas. La gente que sale a dar una caminata es amistosa. Además, nuestro beneficio adicional es que hacemos ejercicio.

¿Pero cómo comenzamos esa conversación con los demás en el camino? Si tenemos miedo de comenzar una conversación, aquí está un atajo.

Consigue un perro. Es imposible caminar con un perro sin que alguien comience una conversación.

¿Qué tal si no tenemos un perro? No hay problema. Podemos pedir prestado un perro. Muchos dueños de perros nos amarán si los ayudamos a pasear a su perro.

¿Qué es una mejor herramienta para comenzar conversaciones que un perro? Un bebé. Los bebés vienen con la garantía de comenzar conversaciones. Desafortunadamente, son más difíciles de conseguir prestados.

Piérdete.

Ahora tenemos un pretexto para pedir indicaciones. Las personas son educadas con los viajeros perdidos. ¿Para qué necesitamos direcciones?

- Para los sanitarios.
- Para la venta de cochera.
- Para la inauguración de la nueva tienda.
- Para la mesa del registro.

Si arruinamos nuestra conversación con la persona que nos da las indicaciones, tranquilo. No los veremos de nuevo en un buen rato.

Encontrar personas es fácil.

Encontrar personas con quién hablar es fácil... si tenemos las habilidades.

Encontrar personas con quién hablar es difícil cuando no tenemos estas simples habilidades.

Así que, ¿te sientes mejor sobre hablar con personas nuevas?

Cada vez que nos aproximamos con otra persona nueva para una conversación, desarrollamos nuestras habilidades. Pronto, el miedo será sólo un recuerdo.

Así que, ¡vamos a conocer personas nuevas ya!

Y está bien si comenzamos primero con los fáciles. Seguiremos mejorando y mejorando.

AGRADECIMIENTO.

Gracias por adquirir y leer este libro. Esperamos que hayas encontrado algunas ideas que te servirán.

Antes de que te vayas, ¿estaría bien si te pedimos un pequeño favor? ¿Tomarías sólo un minuto para dejar una frase o dos como comentario en línea de este libro? Tu opinión puede ayudar a otros a elegir qué leer a continuación. Sería de gran ayuda para muchos otros lectores.

Viajo por el mundo más de 240 días al año.
Envíame un correo si quisieras que hiciera
un taller "en vivo" en tu área.

→ BigAlSeminars.com ←

¡OBSEQUIO GRATIS!

¡Descarga ya tu libro gratuito!

Perfecto para nuevos distribuidores. Perfecto para
distribuidores actuales que quieren aprender más.

→ BigAlBooks.com/freespanish ←

Otros geniales libros de Big Al están disponibles en:

→ BigAlBooks.com/spanish ←

MÁS LIBROS EN ESPAÑOL

BigAlBooks.com/Spanish

¡Cómo Obtener y Conservar la Atención de Tu Prospecto!
Frases Mágicas para Redes de Mercadeo

Mini-Guiones para los Cuatro Colores de las Personalidades
Cómo Hablar con Nuestros Prospectos de Redes de Mercadeo

3 Hábitos Fáciles para Redes de Mercadeo
Automatiza Tu Éxito en MLM

Crea Influencia
10 Maneras de Impactar y Guiar a Otros

¿Por Qué Mis Metas No Funcionan?
Los Colores de las Personalidades para Redes de Mercadeo

¡Cómo Hacer que los Niños Digan SÍ!
Usando los Cuatro Colores de Lenguajes Secretos para Hacer que los Niños Escuchen

La Historia de Dos Minutos para Redes de Mercadeo
¡Crea una Grandiosa Historia Memorable!

Guía de Inicio Rápido para Redes de Mercadeo
Comienza RÁPIDO, ¡Sin Rechazos!

Pre-Cierres para Redes de Mercadeo
Decisiones de "Sí" Antes de la Presentación

Cierres para Redes de Mercadeo
Cómo Hacer que los Prospectos Crucen la Línea Final

Los Cuatro Colores de Las Personalidades para MLM
El Lenguaje Secreto para Redes de Mercadeo

Cómo Construir Tu Negocio de Redes de Mercadeo en 15 Minutos al Día

La Presentación de Un Minuto
Explica Tu Negocio de Redes de Mercadeo Como un Profesional

Ventas al por Menor para Redes de Mercadeo
Cómo Conseguir Nuevos Clientes para Tu Negocio en MLM

Motivación. Acción. Resultados.
Cómo Los Líderes En Redes De Mercadeo Mueven A Sus Equipos

51 Maneras Y Lugares Para Patrocinar Nuevos Distribuidores
Descubre Prospectos Calificados Para Tu Negocio De Redes De Mercadeo

Rompe El Hielo
Cómo Hacer Que Tus Prospectos Rueguen Por una Presentación

¡Cómo Obtener Seguridad, Confianza, Influencia Y Afinidad Al Instante!
13 Maneras De Crear Mentes Abiertas Hablándole A La Mente Subconsciente

Primeras Frases Para Redes De Mercadeo
Cómo Rápidamente Poner A Los Prospectos De Tu Lado

La Magia De Hablar En Público
Éxito Y Confianza En Los Primeros 20 Segundos

MLM de Big Al la Magia de Patrocinar
Cómo Construir un Equipo de Redes de Mercadeo Rápidamente

Cómo Prospectar, Vender Y Construir Tu Negocio De Redes De Mercadeo Con Historias

Cómo Construir LÍDERES En Redes De Mercadeo Volumen Uno
Creación Paso A Paso De Profesionales En MLM

Cómo Construir Líderes En Redes De Mercadeo Volumen Dos
Actividades Y Lecciones Para Líderes de MLM

Cómo Hacer Seguimiento Con Tus Prospectos Para Redes De Mercadeo
Convierte un "Ahora no" En un "¡Ahora mismo!"

Por Qué Necesitas Comenzar A Hacer Redes De Mercadeo
Cómo Eliminar El Riesgo Y Tener Una Vida Mejor

Cómo Construir Rápidamente tu Negocio de Nutrición en Redes de Mercadeo

COMENTARIO DEL TRADUCTOR

Ha sido un placer para mí traducir este libro para los lectores en español. Esta *Guía para Conocer Personas Nuevas* hace más fácil detectar personas abiertas y comenzar a tener conversaciones agradables. Me ofrecí para traducir este libro ya que las ideas aquí mostradas han funcionado tan bien para mí, que deseaba compartirlas con otros.

Todas las técnicas y frases de este libro han sido probadas por miles de empresarios dentro y fuera de redes de mercadeo alrededor del mundo. Conoce y aplica los mejores métodos para conectar y encender la chispa de la buena comunicación.

Así que deja atrás la frustración, el rechazo, el miedo, las dudas y la desesperación. Simplemente usa estas habilidades para que tu nerviosismo e incomodidad desaparezcan y puedas relacionarte con personas nuevas como pez en el agua.

Gracias por soltar viejos patrones de pensamiento y creer que hay una nueva manera de construir tu negocio de redes de mercadeo rápidamente, sólo aprende nuevas habilidades para construir un negocio estable, divertido y redituable de la manera correcta.

Deseo grandes cheques para ti y tus socios.

–Alejandro G.

SOBRE LOS AUTORES

Keith Schreiter tiene más de 20 años de experiencia en redes de mercadeo y multinivel. Keith le muestra a los empresarios de redes de mercadeo cómo usar sistemas simples para construir un negocio estable y en expansión.

¿Necesitas más prospectos? ¿Necesitas que tus prospectos se comprometan en lugar de estancarse? ¿Quieres saber cómo enganchar y mantener activo a tu grupo? Si éste es el tipo de habilidades que te gustaría dominar, te encantará su estilo de cómo hacerlo.

Keith imparte conferencias y entrenamientos en Estados Unidos, Canadá y Europa.

Tom "Big Al" Schreiter tiene más de 40 años de experiencia en redes de mercadeo y multinivel. Es el autor de la serie original de libros de entrenamiento "Big Al" a finales de la década de los 70s, continúa dando conferencias en más de 80 países sobre cómo usar las palabras exactas y frases para lograr que los prospectos abran su mente y digan "Sí."

Su pasión es la comercialización de ideas, campañas de comercialización y cómo hablar a la mente subconsciente con métodos prácticos y simplificados. Siempre está en busca de casos de estudio de campañas de comercialización exitosas para sacar valiosas y útiles lecciones.

Como autor de numerosos audios de entrenamiento, Tom es un orador favorito en convenciones de varias compañías y eventos regionales.